KB153478

난 행복하면 안 돼요

북한이탈주민 마음성장 이야기

신미녀 · 김광호 지음

난 행복하면 안돼요

초판 인쇄 | 2014년 10월 1일
2쇄 발행 | 2015년 1월 5일

지은이 | 신 미 녀 · 김 광 호
펴낸곳 | (사)새롭고하나된조국을위한모임(새조위)

편집·디자인 | 유 석 상
삽 화 | 김 선 학
기 획 | 황 정 근
마케팅 | 권 병 두
인 쇄 | (주)보림에스앤피
등록번호 | 제 301-2009-113호
주 소 | 100-013 서울특별시 중구 수표로 6길 22-1
대표전화 | 02)2263-4935

값 10,000원

ISBN 978-89-98252-09-0 03180

*잘못된 책은 본사나 구입하신 서점에서 바꿔드립니다.

목차

· 추천의 글   12
· 머리말   15

1. 몸이 망가져서 너무 아파요.

몸에게 감사하고 나를 사랑해 보세요.   30
호흡의 흐름을 조용히 바라보세요.   36
내 몸의 감각을 느끼고 바라보면 고통이 살며시 지나갑니다.   40
사례: 바디스캔을 하니 가슴 통증이 사라졌어요.   44

2. 두고 온 가족들에 대한 죄책감과 그리움 때문에 힘들어요.

난 행복하면 안 돼요.   57
알아차리고 바라보면 내려놓을 수 있게 됩니다.   61
말에는 힘이 있습니다.   66
사례: 말에는 정말 힘이 있어요.   71

3. 나도 모르게 흥분되며 화가 나요.

부정적인 감정에 이름 붙여 보세요.   79
나를 위해서 용서하세요.   84
감정을 알아차리고 바라보면 살며시 줄어들게 됩니다.   87
사례: 이제는 감정을 조절할 수 있게 됐어요.   93

4. 오랫동안 보고 싶었던 가족들과 다시 살아가는 게 정말 힘들어요.

사랑의 마음으로 눈을 마주쳐 보세요.   102

뭘 원하는지 물어봐 주세요.   106

내가 먼저 변하니까 상대방도 변하더라고요.   111

사례: 내가 먼저 노력하면서 기다려야겠죠.   116

5. 사람들(남한사람, 다른 탈북자들)과 좋은 관계를 맺는 게 너무 어려워요.

'그럴 수 있어요' 라고 공감해 주세요.   125

열심히 경청해 주세요.   131

인정하고 칭찬해 주세요.   137

사례: 칭찬하는 것을 잊고 살았던 것 같아요.   143

6. 꿈이 없어요.

내가 정말 소중하게 생각하는 가치는 무엇인가요?   152

나의 목표는 무엇인가요?   154

이제 가슴 뛰는 삶을 살아 보세요.   157

사례: 이제 진정으로 내가 할 수 있는 좋아하는 일을 찾을   162
      수 있겠어요.

7. 즐겁게 일하고 싶어요.

지금 가장 힘든 일이 무엇인가요?   169

알아차리고 몰입해 보세요.   173

지금 이 순간에 충실해 보세요.   178

사례: 힘든 일도 결국 내가 만든 거였어요.   182

8. 잘 안 돼서 자살하고 싶어요.

어떤 대화를 하고 싶으세요?   191

어떤 상태가 되면 만족하시겠습니까?   194

목표를 달성하기 위해 어떤 것을 해 보시겠습니까?   199

사례: 내가 정말 하고 싶은 데 잘 안 되니까 죽고 싶었던 거예요. 205

9. 새로운 도전: 북한이탈주민 코치들의 코칭 수기

거절도 잘 해야 한다는 것을 깨달았어요.   213

코칭으로 오해를 풀어줬어요.   219

새로운 인생목표 설정을 도와주었어요.   232

· 맺음말   241

· 참고 문헌   244

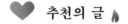

추천의 글

마음을 밝게 하려면...

우리식구들(새롭고하나된조국을위한모임)끼리는 김
광호 대표를 그냥「도사」라고 부른다. 도포에 긴 지팡
이를 짚어야 붙일 수 있는「도사」존칭을 반듯한 양복
차림의 미남 중년신사에게 헌납한 것이다.

언뜻 가당찮아 보이는 이 헌납에 아무도 이의를 달지
않았고 그래서 나는 이 책을 자신 있게 추천하고 꼭 읽
으라고 권고한다. 세상만사에 찌들대로 찌든 마음을 밝
고 깨끗하게 하려면「도사」로부터 지혜를 얻는 게 상
책이기 때문이다.

공동저자인 신미녀대표는 정확하게 김광호대표의 대칭
적 반대편에 서있는 인물이다. 언제든지 터트릴 수 있는
눈물 댐(결코 샘이나 단지 같은 소규모가 아니다) 과 별
것 없던 통일운동단체를 4반세기 동안 이끌면서 국내유
수의 조직으로 가꾸어 낸 열정·끈기·도전의 화신이니까.
이름에서도 분명히 천명했듯이 정체성은「그녀」이다.

모든 시대를 살았던 사람들이 자기 자신을 현대인으로 인식하지만 21세기 초엽의 현대인은 예외 없이 마음의 병을 앓고 있다. 갖가지 세기말적 현상을 겪고 헤쳐 나가면서 얻은 병이다.

어찌 보면 세균에서 비롯된 병을 과학의 힘으로 극복할수록 정비례 또는 제곱비례의 속도로 마음의 병은 커지고 깊어졌다. 김광호대표와 신미녀대표는 함께 여기에 도전하면서 이 책을 펴냈다. 그리고 나는 두 저자의 대승을 확신하면서 이 추천사를 쓰는 것이다.

김대표는 한미 양국의 공인회계사 자격증을 벽장에 썩혀 둔 채 마음병 고치기에 나선지 이미 수년째다. 실적과 실력으로 모든 게 판가름 나는 험난한 세상에서 그는 저서 출판과 코칭 그리고 강연활동으로 눈코 뜰 새 없이 분주한 일정으로 자신의 입지를 이미 입증했다. 요컨대 마땅히 또 한권의 책을 내어야 할 분이다.

따라서 독자들에게 설명해야 할 저자는 북한이탈주민의 커다란 보모인 신미녀대표가 아닐까 싶다. 여리디 여린 감성과 강철 같은 의지의 여인이라 치자. 무슨 수로 감히 마음의 병을 고치는 일에 김대표와 나란히 섰단 말인가? 이렇게 묻는 독자들이 많을 터이기 때문이다.

그러나 두 가지 사실을 알고 나면 의문은 단박 풀릴 것이다.

먼저 마음의 병을 가짓수대로 모두 갖고 있고, 그 깊이도 가장 깊은 게 2만6천여명의 탈북자들인데 신미녀대표는 십 수년 간 이들과 뒹굴면서 봉사활동을 해왔다는 점이다. 히말라야에 도전하는 일류등반가들이 세르파의 도움을 받는 것은 그들의 풍부한 현장경험 때문이다. 에베레스트 최초 등반자 힐러리경도 세르파 덕분에 성공했듯이...

게다가 신대표는 이들의 마음병을 그냥 동정만 한 게 아니라 오래 전부터 치료에 나섰었다. 그리고 학문적으로 통계를 내어가며 가장 효과적인 방법을 찾으려 노력했다. 몸이 열 개라도 모자라자 북한이탈주민 전문상담사들을 교육해서 동참시켰다.

이를테면 미국 남북전쟁 때 수많은 부상병들을 수술하는 사이에 군의관이 최고의 외과의사로 바뀌었듯이 신미녀 대표는 자신도 모르는 사이에 대가의 반열에 올라있다.

이 책을 통해 고통 받는 영혼들이 밝고 행복한 모습으로 거듭나게 되기를 빈다. 그리고 그렇게 되리라 확신한다.

홍 사 덕

민족화해협력범국민협의회 대표상임의장

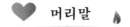

머리말

'난 행복하면 안 돼요.'

이 말은 살면서 들었던 가장 의외의 말입니다. 사람은 누구나 행복을 추구하고 행복하려고 열심히 노력하는데, 왜 행복하면 안 되는 걸까요?

이 말을 이해하려면 북한이탈주민들이 겪었던 삶의 이야기에 귀를 기울여야 합니다. 그들은 도대체 어떤 삶을 살았기에 스스로 행복하면 안 된다고 말하는 걸까요?

북한에 가족들이 남아 있는 북한이탈주민들은 사랑하는 사람들이 생각나면 가족들과 같이 오지 못한 자신을 자책하게 됩니다. 그리고 혼자만 대한민국에서 흰쌀밥에 고깃국을 먹는 것에 목이 메이기도 합니다. 그래서 행복하면 안 된다고 스스로에게 말하는 것입니다. 이 책은 바로 이렇게 힘들어 하는 북한이탈주민들에 관한 이야기입니다. 그렇지만 그렇게 힘들고 아픈 과거에만 계속 머무르는 이야기가 아닙니다. 이 책은 그렇게도 힘들었던 북한이탈주민들이 코칭을 배우면서 변화하고 성장하는 과정을 그려낸 책입니다. 그들이 코칭을 배우면서 겪었던 사연들, 그들이 변하는 과정, 그리고 마침내는 그들 스스로가 코치가 되어서 다른 북한이탈주민들을 코칭하게 되는 감동적인 '변화와 성장' 이야기입니다. 이 책은 긍정적인 인간드라마에 관한 이야기입니다.

북한이탈주민은 남한사람들과 똑 같은 사람들입니다. 단지 몸과 마음이 조금 더 지쳐있을 뿐입니다. 그들은 북한에서 온갖 억압과 굶주림을 견뎌내야 했으며 탈북과정에서도 이루 말로 다 표현할 수 없는 고통들을 이겨내야만 했습니다. 그리고 상당수는 제3국에서 불법체류자의 신분으로 상상을 초월하는 극한 삶을 살다가 왔습니다. 그런 힘든 과정을 이겨내고 마침내 남한에 오게 된 것입니다. 사람은 누구나 이런 힘든 과정을 겪게 되면 몸과 마음이 지치기 마련입니다. 그래서 북한이탈주민들에게는 무엇보다도 먼저 지친 몸과 마음을 추스를 수 있게 도와주는 것이 필요하며 이런 활동을 하는 시민단체(NGO)가 바로 새조위입니다.

새조위(새롭고하나된조국을위한모임)은 1988년 설립된 통일운동 NGO입니다. 그 동안 새조위에서 역점을 두고 시행해 온 사업 중의 하나가 북한이탈주민 의료지원사

업입니다. 전국 4개 병원에 북한이탈주민 의료상담소를 개설했고 이곳에서 새조위 소속의 북한이탈주민 출신 전문상담사가 상근을 하면서 북한이탈주민 환자들을 상담해 주며 보살펴 주고 있어서 북한이탈주민으로부터 뜨거운 호응을 얻고 있습니다. 의료지원 사업이 북한이탈주민의 몸을 치유하는 데 중점을 둔 활동이라면 코칭은 북한이탈주민의 마음을 치유하는 데 중점을 둔 활동입니다.

2010년에 문을 연 '북한이탈주민코칭센터'에서는 초기 2년간은 코칭을 통하여 북한이탈주민의 정서안정, 정신건강 회복을 통한 남한사회적응 지원 등에 관심을 기울여서 상당한 효과를 거두었습니다. 실제로 코칭 교육을 지속적으로 받은 교육생들은 한결같이 취업을 하는 데 도움을 받았고, 가정 내에서는 부부간 문제 및 자녀교육 문제를 해결하는 데 긍정적인 효과가 있었으며, 가정 밖에서도 대인관계를 원만하게 유지하는 데 도움을 많이 받았다고 말합니다.

그리고 그러한 자신감을 바탕으로 2012년부터 새롭게 수립하고 차분하게 실천해 온 큰 목표가 있습니다. 그 목표는 다름 아니라 북한이탈주민들에게 전문 코치가 되는 프로그램 교육을 시키고 그들이 전문 코치 자격을 취득하여 다른 북한이탈주민을 코칭 하는 것입니다.

그 목표 달성을 위한 첫 단계로서 (사)한국코치협회로부터 NGO중에서는 유일하게 '북한이탈주민을 위한 코칭' 프로그램이 인증을 받았습니다. 그리고 이 인증 프로그램으로 2년간 열심히 가르치고 준비해서 국내 최초로 북한이탈주민 출신 전문코치 3명이 탄생하는 성과를 보았습니다. 이들 중 두 명은 코칭 교육과정을 4년간 수련하였으며, 나머지 한 명은 2년간 훈련을 받았습니다.

지금 다시 회상해 보면 전문코치 프로그램을 시작하면서 했던 괜한 걱정이 있었습니다. 다름 아니라 북한이탈주민들은 보통사람들이 겪지 못했던 생사를 넘나드는 크나큰 고통을 체험하면서 마음의 상처를 크게 입었을 것이고, 그것을 과연 코칭을 통해서 스스로 잘 감내해 낼 수 있도록 변화시킬 수 있을까 하는 걱정이었습니다. 그런데 이런 걱정은 기우에 불과했습니다. 그들은 생사를 오가는 중요한 결정을 스스로 내리고 죽음을 무릅쓰고 남한에 온 사람들이었습니다. 즉, 스스로 그러한 중대한 결정을 내리고 스스로 실행한 사람들이라는 것입니다. 그들의 내면에는 보통 사람들 이상의 큰 잠재력이 있었습니다. 그럼에도 불구하고 남한에 와서 적응하면서 자신의 내면에 있는 위대한 잠재력을 점차 잊어버리고 남한에서의 문화적 충격으로 인하여 점차 작아지고 위축되는 것에만 집착하다 보니 어느새 자신도 모르게 너무도 작은 자신의 모습만을 발견하게 되었던 것입니다. 그렇지만 코칭을 통하여 자신의 내면에 있는 자원과 잠재력을 스스로 깨닫게 되면서 다시 삶을 긍정적이고 열정적으로 살 수 있는 에너지를 스스로 만들 수 있다는 것을 자각하게 되었습니다. 2013년 강원지역에서의 30회 코칭교육이 그 좋은 예입니다. 삶의 목표를 잡지도 못하고 방황하던 교육생 두 명이 간호학과와 재활치료학과에 입학하여 꿈에도 그리던 전문직으로 성장할 기회를 가지게 되었습니다.

코칭 과정을 통하여 감명 깊었던 또 하나의 기억은 바로 그들이 전문코치가 되려는 이유를 말하던 시간이었습니다. 다름이 아니라 전문코치가 돼서 남한에 있는 북한이탈주민들을 도와주고, 머지않아 통일이 되면 북한에 두고 온 형제자매, 친척, 친구, 주민들을 만나서 그들이 행복한 삶을 살 수 있도록 코칭을 통하여 도와주고 싶다는 인생의 목표를 세우던 순간이었습니다. 인상 깊었던 또 다른 기억은 코칭 실습을 하면서 다른 북한이탈주민을 코칭으로 도와준 내용을 발표하던 시간이었습니다. 그 내용은 이 책 본문 마지막 장에 나와 있습니다. 지금도 그 순간을 생각하면 우리가 기울여왔던 노력들이 그들에게 정말 필요했던 내용이라는 것, 그리고 그 동안의 노력들이 헛된 것이 아니었다는 것을 깊은 감동과 함께 깨닫게 되면서 이 경험들을 다른 사람들과 공유하고 싶어서 이렇게 책을 내게 된 것입니다.

마지막으로 북한이탈주민코칭센터 부소장으로서 북한이탈주민 코칭프로그램을 만들고 늘 열심히 코칭 교육을 해 주신 김향 코치님, 북한이탈주민 출신 전문코치가 탄생할 수 있도록 여러 가지 배려를 많이 해 주신 (사)한국코치협회 관계자 분들, 어려운 여건 속에서도 오랜 동안 열심히 참석해서 같이 코칭 공부를 해 주신 북한이탈주민 여러분, 늦은 저녁에 코칭 수업을 할 수 있도록 도와주신 새조위 스텝분들, 코칭 프로그램 실행에 재정적인 지원을 해 주신 여성가족부와 남북하나재단 그리고 새조위의 후원자분들께도 다시 한 번 감사의 말씀을 올리고자 합니다. 아무쪼록 이 책이 남한에서 보다 많은 사람들이 북한이탈주민에 대해 따뜻한 관심을 갖게 되고 그들이 남한 사회에 더 잘 적응하는데 조금이나마 기여할 수 있었으면 합니다.

2014년 10월
신미녀, 김광호

첫 번째 만남:

몸이 망가져서 너무 아파요.

북한이탈주민들의 탈북과정은 참으로 고통스러운 생활 그 자체입니다. 그들이 탈북과정에서 겪어야 했고 힘들었던 고생들은 참으로 다양합니다. 북한에 있을 때의 굶주림과 핍박, 목숨을 걸고 국경을 넘는 과정에서의 공포와 좌절, 중국 등에서 인신매매를 당해 원하지 않는 가정생활을 하면서 겪어야 했던 힘든 나날들, 때로는 다시 북한으로 강제로 끌려가서 감옥에 수감되고 고문 받으면서 겪어야만 했던 절망과 고통 등 그들의 이야기를 듣다 보면 저절로 눈물이 앞을 가리게 됩니다. 여기서 잠깐 북한이탈주민들이 고향에 보내는 편지를 모은 '고향마을 살구꽃은 피는데'와 '코칭 수기'에서 발췌한 글을 보겠습니다.

1. "추운 겨울날 칼날같이 불어치는 찬바람에 언 손을 녹이며 우리들을 위하여 얼굴이 비추는 멀건 시래기국을 끓여 놓고 미안한 듯 어줍게 웃으시면서 적지만 많이 먹으라던 목소리와 얇은 옷을 입고 계시던 어머니 생각이 납니다.

하나밖에 없는 18세 막내딸을 식량이 없어 굶겨 죽이고 또 29세 된 사랑하는 아들을 쌀이 없어 굶겨 죽이고도 시체를 못 찾은 어머님. 너무나 원통하여 딸의 묘를

손톱이 닳아 피가 철철 흐르도록 쥐어뜯으며 땅이 아니라 어머님 마음에 묻어 두시고 하루아침에 할머니가 되어 우리들의 마음을 아프게 하셨던 어머님이 이번에는 막내아들의 시체도 찾지 못한 채 밭에서 풀을 뜯다 쓰러져서는 "나는 이제 살 만큼 살았으니 제발 너희들만이라도 굶어 죽지 말고 잘 살아라" 하시던 모습이 눈 따갑게 안겨 옵니다.

온 나라가 고난의 행군을 하던 90년대 중반, 흰쌀밥 구경도 제대로 못하시다 아버님을 먼저 잃고 살아갈 길이 막막해 서투른 장사 길에 몸을 던지셨던 어머님, 제가 대학시절 그렇게 강인하셨던 어머님의 모습이 아니라 벌써 허리가 굽어진 할머니인 어머님의 모습이었습니다. 팔리지 않는 날이면 푹 풀어진 강낭국수 한 그릇 값도 아까우셔 점심끼니를 거르시고, 한 끼나 겨우 먹을 강낭국수 한 토리를 다 꿰진 배낭에 넣어지시고 맥없는 두 다리를 끌며 20리길을 걸어 집에 가셨을 우리 어머님...

어머니는 그 때 딸의 작은 배 하나 채워주지 못하는 게 너무 가슴 아파 시장에서 밀가루 장사를 시작하셨지요. 바람 세찬 함경도에서 밀가루 장사가 말처럼 쉬운 일이 아니었다는 것을 저는 잘 알고 있습니다. 매일 아침 무거운 밀가루 포대를 머리에 이고 등에 지고 시장에 내다 팔고 또 밀가루를 넘겨받으러 천리를 마다하지 않고 걸음을 하시였으며 추운 겨울바람이 세게 부는 날에는 밀가루가 날아갈까 봐 온 몸이 그대로 덮개가 되어 지켜내곤 하셨지요. 그런데도 철없는 저는 매일 밀가루 부침을 해 달라고 수십 번 졸라댔으니 하나 밖에 없는 딸에게 부침개 하나 제대로 못 먹이는 어머니의 심정인들 오죽했겠습니까? 그렇게 애쓰시던 어머니는 끝내 '고난의 행군'시기에 결핵이라는 병을 만나 하던 장사도 접으시고 빚더미 위에 앉게 되셨지요. 이미 기울어진 가정 형편은 어머니에게 단 한 번의 치료기회도 주지 않았으며 어머니는 결국 험악한 천지에 의지할 데 없는 저를 홀로 남겨두고 세상을 뜨셨지요."

2. "네가 열 살 나는 해가 바로 1996년도였다. 정말이지 1996년도는 죽음의 해였다. 북한 땅의 가는 곳마다 굶어 죽은 시체가 수도 없이 많았으며, 거리의 골목골목마다에는 생계를 유지하기 위한 강도가 욱실거렸고, 배고픔에 시달리던 어린이들은 시장에 몰려다니면서 도적으로 변해 버렸단다. 그 해 우리 집이라고 예외가 아니었단다. 이 아빠는 너를 지켜야 했으며 할아버지와 할머

니 우리 네 식구를 살려야 했단다. 온 집안에 먹을 것이라곤 옥수수쌀 1kg이 전부였는데 아빠가 해야 할 일은 어디를 가서든지 식량을 얻어오는 것 밖에 없었단다.

어린 애들한테도 쌀밥 한 그릇 푸짐히 먹여줄 수 없었던 세상이 무섭게 생생하구나. 눈 녹은 밭이랑을 찾아다니면서 콩 이삭을 한 알, 두 알, 한 이삭, 두 이삭, 주어다가 절구에 찧어서 죽을 쑤고 아침 저녁으로 길장구를 캐어 한 끼도 풀이 없이는 식사를 못 짓는 줄만 알았던 지난날이 떠오른다. 출산한 산모에게 강냉이밥을 주어야만 했던 나날들, 땔 나무가 없어 10리 길을 걸어가서 두 어깨가 벗겨지도록 지고 돌아와야 했던 날들, 땅이 없어 너 몰래 내가 밭을 빌려 농사를 하다가 이제는 너에게 늙은 내가 짐이 되지 말아야겠다는 생각에 어디로 간다는 말도 없이 떠난 것이 마음에 걸려 더더욱 그리워지는 아들아...!"

3. "그 다음부터는 밭에 풀을 뜯어 먹기로 하고 강냉이 밭에 아이들을 데리고 매일 풀을 뜯으러 다녔습니다. 민들레, 토끼풀을 매일 한 마대씩 캐다가 소금물을 두고 끓여 먹곤 하였습니다. 그런데 풀도 사람들이 너무 많이 뜯어가니 강냉이 밭에나 콩밭에도 하나도 남지 않았습니다. 풀마저 떨어진 것입니다."

4. "북한에서의 삶은 말 그대로 지옥 그 자체였다. 자기 친누나를 헐값에 팔아 넘겨야만 살아갈 수 있는 것이 북한의 현실이다. 그렇게 비극적인 경험을 하고 탈북하는 과정에서 또 다시 겪게 되는 제 3국에서의 노예 생활은 말 그대로 참담하다. 그렇게 살 수 밖에 없는 우리의 인생을 뭐라 표현할 수도 없었다. 한줌도 안 되는 배를 채우지 못해 중국 땅을 밟고 인간이하의 취급을 당하면서 그들의 깔개로, 노예로, 때로는 자기들의 기분에 맞지 않으면 갖은 폭언과 구타로 여성들의 생식기와 장기들을 자신들이 맘대로 판단 처리하는 것이 탈북하는 과정에서 겪게 되는 일이었다."

이런 이야기들을 접해 보면 어떻게 인간으로서 저렇게 힘든 고통의 나날들을 견뎌낼 수 있었을까? 하는 생각이 저절로 들게 합니다. 그리고 나서 그들을 보니 북한이탈주민들이 탈북하는 과정에서 몸과 마음이 극도로 상처받았다는 것을 이해하게 되었습니다.

그들은 남한에 도착할 때 쯤 되면 몸이 거의 성한 곳이 없을 정도로 아픈 곳이 많다는 것을 발견하게 됩니다. 그래서 남한에 정착하게 되면 제일 먼저 병원을 찾게 되고 치료를 받을 수 있게 되지만 그 과정도 순탄하지만은 않습니다. 남북한의 보건의료체계가 다르고, 언어의 내용도 다르고, 병원을 이용하는 방법도 다르고, 무엇보다도 북한이탈주민들의 아픈 몸과 마음을 따뜻하고 친절하게 보살펴 줄 수 있는 사람들이 부족합니다. 다행이 새조위에서 전국 4개 병원에 의료지원 상담실을 만들고 자체적으로 육성한 북한이탈주민 출신 전문 상담사를 상주시켜서 북한이탈주민들이 아픈 몸을 제대로 치료받을 수 있도록 효과적으로 지원하고 있습니다. 그래서 의료지원 상담실은 북한이탈주민들이 온갖 어려운 일들을 편하게 이야기하는 사랑방 역할을 하고 있습니다.

이들이 아픈 몸을 제대로 치료받지 못하면 남한에서 일을 제대로 할 수 없게 되고, 늘 힘든 생활을 할 수 밖에 없게 됩니다. 따라서 아픈 몸을 제대로 치료받는 것은 무엇보다도 먼저 해야 하는 일입니다. 이렇게 중요한 역할을 하는 4개의 의료지원 상담실을 어렵게 8년간 운영해 오던 중 3개 상담실의 인건비와 운영비를 고맙게도 2014년 초부터 최신원회장님께서 후원해 주시고 계십니다.

그런데 아픈 몸을 어느 정도 치료받고 나서도 여전히 몸이 여기저기가 아프다고 호소하는 경우가 많습니다. 병원에 가면 병명도 없는데 머리가 깨지듯 아프고 눈도 아프고 잠도 오지 않는다고 합니다. 이런 경우에는 물리적인 이유도 있지만 정서적인 문제 때문인 경우도 많습니다. 코칭을 시작하면서 제일 먼저 북한이탈주민들과 함께 이런 문제들을 치유할 수 있는 과정을 같이 경험했습니다.

몸에게 감사하고 나를 사랑해 보세요.

북한이탈주민들과 제일 먼저 본 동영상은 '닉 부이치치'였습니다. 인터넷에서 검색하면 누구나 쉽게 찾을 수 있는 유명인입니다. 희귀병으로 팔다리가 없는 그였지만 그의 강연 내용과 강연 중의 그의 웃는 얼굴은 정말로 세계인들에게 희망의 메시지를 주는 데 충분합니다. 이 동영상을 보고나서 소감을 애기하던 중 한 북한이탈주민이 한 애기는 지금도 기억에 생생합니다. 그 여성은 갑자기 한 쪽 손을 들어 보였습니다. 그 손에는 네 개 손가락이 중간에 절단되어 있었습니다. 사연을 들어보니 남한에 내려와서 닥치는 대로 일하다가 공장에서 그만 사고를 당했다는 것입니다. '닉 부이치치' 동영상을 보니 자신이 겪은 일은 별거 아니라는 생각이 들어서 감추고 있었던 손을 편하게 책상 위에 올려놓게 되었다는 것입니다. 순간 가슴이 뭉클하며 눈물이 핑 돌았습니다.

그래서 코칭 프로그램에서 가장 먼저 한 것이 자기 자신을 사랑하고 자신에게 감사하는 것이었습니다. 특히 자신의 몸과 마음에 대해 감사하는 것이었습니다. 북한에서 힘들게 고생하면서, 탈북과정과 남한에서 정착하면서 그 동안 몸을 너무 혹사시켜 몸이 너무 아파하는 것이었습니다.

코칭프로그램 내내 우리는 늘 시작하면서 함께 편하게 앉아 다음과 같이 천천히 호흡하면서 몸에게 감사하는 명상을 같이 했습니다.

우선 다리를 꼬지 않고 두 발바닥을 바닥에 댑니다.
등을 반듯하게 펴고 의자에 편하게 앉습니다.

눈을 감습니다. (종종 눈을 감는 것이 불안하다고 하는 사람들도 있었으며 이런 경우에는 눈을 살짝 뜨고 해도 좋습니다)

손을 아랫배에 대고 천천히 편안하게 배로 숨을 쉽니다.
호흡에 따라 배가 나왔다 들어갔다 하는 것을 느껴 봅니다.

호흡을 느끼면서 주의를 호흡에 기울입니다.

잠시 동안 계속 호흡을 느껴 봅니다.

잠시 후에 배로 천천히 호흡을 하면서 숨을 들이마실 때 속으로 '고맙습니다', 숨을 내쉴 때 '사랑합니다' 하고 반복해 봅니다.

호흡에 맞춰서 '고맙습니다. 사랑합니다.'를 계속 반복합니다.

잠시 후에 눈을 감고 다음의 대화를 같이 합니다.

참고로 이 대화 내용은 '멈추면 비로소 보이는 것들'의 저자가 방송에 출연해서 여러 사람들을 힐링시켜 준 덕분에 아주 유명해진 방법이기도 합니다.

'나는 나를 사랑합니다. 나는 나를 사랑합니다.'

'몸아 참 고맙다. 몸아 참 고맙다. 내 것인지 알고 막 써서 미안하다. 그 동안 많이 힘들었지?'

'마음아 참 고맙다. 마음아 참 고맙다. 속상한 일 참고 견디느라 그 동안 많이 힘들었지?'

'나는 나름대로 열심히 살고 있는 나를 사랑합니다. 나를 사랑합니다.'

'이토록 애를 쓰고 있는 나를 사랑합니다. 나를 사랑합니다.'

'남들과 비교하면 부족해 보일 수 있지만, 그래도 나를 사랑합니다. 그래도 나를 사랑합니다.'

'있는 그대로의 나를 사랑합니다. 있는 그대로의 나를 사랑합니다.'

잠시 후에 눈을 감은 상태에서 그 동안 고마웠던 분들을 한 분 한 분 떠 올리고 그 분들에게 속으로 '고맙습니다. 사랑합니다.' 하고 말해 주도록 요청합니다. 어느 정도 시간이 지난 뒤에 마무리합니다.

이렇게 수업시간에 감사하기를 하면서 지금 이 순간에 무엇이 감사한지 한 가지씩 돌아가면서 발표해 달라고 부탁했더니 다음과 같이 대답했습니다.

"지금 이 순간에 배우는 게 고마워요"

"건강하게 살아있다는 게 고마워요"

"가족들과 함께 있을 수 있다는 게 고마워요"

"이렇게 코칭 수업에 참가할 수 있어서 고마워요"

"중국 기차에서 만난 공안이 날 도와준 게 고마워요"

"새조위에서 좋은 기회를 만들어 주셔서 고마워요"

"정부에서 집도 주고 학교도 다닐 수 있게 해 줘 고마워요"

"남한 발전에 벽돌 한 장 얹은 것이 없는데 많은 혜택을 줘서 고마워요"

고마운 것은 끝이 없었습니다.

그렇게 고마운 것을 한마디씩 말하다 보니 분위기가 너무 긍정적으로 변해서 참 편해졌습니다.

고마운 얘기를 들으면서 가장 기억에 남는 것은 바로 이 말이었습니다.

"남한에 오니 아침에 일어나서 쌀독에 쌀이 가득해서 고맙고 행복해요."

이 말을 들으면서 참 많은 것을 느꼈습니다.

남한에서 쌀독에 쌀이 가득해서 '고맙고 행복하다'라고 느끼는 사람이 과연 얼마나 될까요? 이제 남한은 쌀독에 쌀이 가득한 것은 당연하게 생각하는 곳입니다. 사실은 쌀을 잘 소비하지 않아서 쌀독이 없는 집이 더 많을 겁니다.

작은 것에 고마워하고 만족해하는 것이 행복의 지름길이라는 것을 다시한번 확인할 수 있는 기회였습니다.

배에 손을 대고 호흡에 맞춰서 '고맙습니다. 사랑합

니다.' 를 몇 번 반복하게 되면 누구나 금새 쉽게 편안해
질 수 있습니다. 이렇게 간단하지만 자기 자신에게 감사
하고 고마운 분들께 감사하고 사랑하는 말을 하는 과정
에서 많은 사람들이 눈물을 흘립니다.

처음 '감사합니다'를 하루에 10번씩 하기로 약속하고
교육시간에 발표하기로 하였습니다. 그런데 그 횟수가
계속 증가하면서 오십번, 백번이 나중에는 주문 외우듯
외우면서 심지어 천번, 만번 이상을 한 교육생이 생겼습
니다. 만번을 한 교육생은 퇴근 후 컴퓨터에 앉아서 두
시간정도 집중을 하면서 '감사합니다'를 주문했다고 합
니다.

그들에게 어떤 느낌이 들었는지 물어보면 많은 사람
들이 그 동안 자신의 몸을 너무 혹사시켰구나 하는 마음
을 가지게 되고 자기 자신을 더 잘 돌봐야겠다는 긍정적
인 생각을 하게 된다고 대답합니다. 또한 고마운 분들에
게 너무 무심했구나, 고마운 분들에게 더 잘 해야겠다는
반응들이 많이 나옵니다. 그리고 하나같이 감사하는 마
음을 냈더니 마음이 편안해졌다고 합니다. 감사하기는
너무나도 쉽게 할 수 있는 방법이자 또한 인생의 좋은
습관입니다.

 호흡의 흐름을 조용히 바라보세요.

앞서 감사하기가 효과가 있는 건 사실 호흡의 도움이 큽니다. 감사하는 마음 그 자체의 효과도 크지만 감사하기를 호흡과 함께 하는 순간 그 효과가 훨씬 더 커집니다. 호흡에 집중하는 것은 흥분한 마음을 진정시키는 데 효과가 큽니다. 사실 북한이탈주민들은 그 동안 겪었던 고통, 슬픔, 분노 등 때문에 쉽게 흥분하는 경우가 종종 있습니다. 그래서 그런지 호흡에 집중하는 것은 북한이탈주민에게는 흥분했을 때 일단 진정시키는 데 특히 도움이 되었습니다. 실제로 수업을 하는 중에도 자신의 의견에 대해 상대방이 무심코 다른 의견을 제시하면 곧바로 목소리가 높아지면서 거친 토론을 하게 되는 것을 종종 볼 수 있었습니다. 그리고 남의 말을 조용히 경청하는 것을 힘들어

했습니다. 이런 경우에는 곧바로 호흡을 하도록 했습니다. 그러면 곧 그들을 진정시킬 수 있었습니다.

이러한 호흡 알아차리기는 아래와 같이 진행하였습니다.

의자나 바닥에 편하게 앉습니다.

등을 반듯하게 곧게 폅니다.

눈을 감습니다. (종종 눈을 감는 것이 불안하다고 하는 사람들도 있었고 이런 경우에는 눈을 살짝 뜨고 해도 좋습니다)

손을 아랫배에 대고 천천히 편안하게 배로 숨을 쉽니다.

호흡에 따라 배가 나왔다 들어갔다 하는 것을 느껴봅니다.

호흡을 느끼면서 주의를 호흡에 기울입니다.

천천히 숨을 들이마시고 내쉽니다.

호흡에 주의를 기울이면서 호흡하는 것을 계속 느끼도록 합니다.

아랫배에서 숨을 들이쉬고 내쉬는 과정, 그리고 들숨과 날숨이 바뀌는 순간에 신체 감각이 어떻게 변화하는지 느끼도록 합니다.

사람은 엄마 배 속에 있을 때 탯줄을 이용해서 배로

숨을 쉰다고 합니다. 탯줄이 있던 자리가 배꼽인 것을 생각하면 금방 이해가 되죠. 탯줄을 이용해 배로 숨을 쉬던 아기는 태어난 뒤에도 한동안 배로 숨을 쉽니다. 잠든 아기의 모습을 보면 숨을 들이쉬고 내뱉을 때마다 배가 볼록해졌다가 꺼지는 것을 볼 수 있습니다. 이처럼 배로 숨을 쉬던 아기는 점차 자라면서 가슴으로 숨을 쉬게 됩니다. 우리도 마찬가지입니다. 아무 생각 없이 숨을 들이마셔 보세요. 어린 아기들과 달리 가슴이 볼록하게 됩니다. 즉 가슴으로 숨을 쉰다는 뜻입니다. 대부분의 성인들은 가슴으로 숨을 쉽니다. 그러다가 나이가 들면 호흡하는 위치가 점점 더 위로 올라가게 되는데, 마지막에는 목으로 숨을 쉰다고 합니다. 그리고 죽기 전 마지막 숨을 목에서 내뱉고 죽게 된다고 합니다. 그래서 '목숨을 잃다.', '목숨이 끊어진다.' 와 같은 표현을 쓴다고 합니다. 이처럼 사람은 태어날 때는 배로 숨을 쉬다가 점점 그 숨이 가슴으로 올라와 목 끝까지 차오르면 생명이 다하게 된다고 합니다. 그래서 어린아이처럼 배로 숨을 쉬는 복식호흡이 건강한 호흡법이라고 하며, 알아차리기를 할 때는 바로 배로 호흡을 하면서 호흡을 알아차리게 됩니다.

호흡의 흐름을 알아차리고 바라본다는 것은 호흡에

난 행복하면 안 돼요

따라 숨을 들이 마시고 내쉬는 것을 느끼고 알아차리는 것입니다. 호흡할 때 나타나는 몸의 변화는 숨을 들이 마시고 내쉴 때 배가 나왔다 들어갔다 하는 것입니다. 그래서 이를 확실하게 느끼기 위해 배에 손을 갖다 대고 느끼는 것입니다.

호흡은 항상 우리와 함께 있습니다. 그럼에도 불구하고 '호흡을 의식해본 적이 있나요?'라고 질문해보면 대부분의 사람은 호흡을 의식하지 않고 산다고 대답합니다. 물론 100미터 달리기를 했을 때나 산소가 희박한 고산 지역, 매연이 심한 곳 등에서는 잠시 호흡을 의식했을 수도 있을 것입니다. 그렇지만 대부분의 사람들은 마치 맥박을 의식하지 않고 살듯이 호흡을 의식하지 못한 채 살아갈 것입니다.

호흡 알아차리기는 마음을 가라앉히고 몸을 열어주며, 아울러 엄청난 집중력을 키워줄 수 있습니다. 호흡은 하루 중 어느 때나 어떤 상황에서나 우리와 함께 있습니다. 우리가 활용법을 익히면 호흡은 우리 일생을 통해 알아차림을 이어갈 강력한 힘이 되어줍니다. 우리는 단지 호흡을 알아차리고 친구처럼 알아 가면 되는 것입니다.

내 몸의 감각을 느끼고 바라보면
고통이 살며시 지나갑니다.

호흡 알아차리기에 익숙해지고 나면 주의를 몸의 느낌으로 돌려서 내 몸의 감각(느낌)을 알아차릴 수 있게 됩니다. 그리고 내 몸의 감각을 느껴보게 되면 어느 곳이 아픈 지도 알게 되고 또 신기하게도 그 아픔이라는 것이 곧 변하거나 지나간다는 것도 알아차리게 됩니다.

존 카밧진 박사가 개발한 '건포도 명상' 연습은 내 몸의 감각을 그대로 느끼면서 알아차리기를 연습하는 아주 좋은 방법입니다. 수업시간에 실제로 한 북한이탈주민이 떡을 가져왔습니다. 그 떡을 가지고 '건포도 명상' 대신 '떡 명상'을 했습니다. 역시 우리들에게는 건포도 보다는 떡이 더 효과가 있었습니다.

우선, 떡 한 쪽을 한 손에 올려놓습니다. 한 손위에 있는 떡의 무게를 다른 손과 비교하면서 느껴 봅니다. 다음은 예전에 떡을 전혀 본 적이 없었던 것처럼 관심과 호기심을 가지고 바라봅니다. 떡의 생김새 등 모든 것에 대해 시각적으로 주의를 기울이면서 살펴보는 것입니다. 그 과정에서 예전에 몰랐던 떡의 모양을 발견할 수도 있습니다. 그러고 나선 떡을 들어 올리면서 손가락에서 느껴지는 질감을 하나하나 느껴 봅니다. 다음은 귀에 대고 어떤 소리가 나는지 알아봅니다. 다음은 코에 대고 숨을 들이마실 때는 어떤 냄새인지, 숨을 내 쉴 때는 냄새가 어떻게 다른지 하나하나 알아차립니다, 그리고 나서 천천히 입 안에 떡을 넣습니다. 우선 떡을 입술로 느껴 봅니다. 그리고 혀로 느껴 봅니다. 다음에 입 안에 넣고 혀 밑, 입천장 등으로 돌리면서 느껴봅니다. 그리고 마침내 깨물고 맛과 질감을 알아차리는 동시에 충분히 떡을 씹고 2분의 1씩 천천히 삼키면서 입과 목의 감각과 움직임을 관찰하는 순서로 이어갑니다. 또 그렇게 하는 동안 신체의 움직임도 알아차리도록 합니다. 만약 이 명상을 하는 동안에 생각 또는 정서가 일어나면 그것을 알아차리고 다시 떡에 주의를 기울입니다.

떡 명상은 떡 한 쪽으로도 우리가 수많은 경험을 할 수 있다는 것을 알아차리게 도와주었습니다. 떡 명상 연습은 무의식적으로 하는 일상적 활동에 알아차리는 기회를 제공했습니다. 이 명상을 직접 해본 북한이탈주민들은 아주 색다른 경험이었다고 입을 모았습니다. 알아차리면서 먹는 경험이 그 동안 음식을 먹으면서도 제대로 맛을 느끼지 못했던 과거의 생활 습관을 되돌아보게 한 것입니다.

몸의 느낌을 관찰하는 또 다른 방법은 '바디스캔'입니다.

'바디스캔'은 머리, 눈, 코, 입, 얼굴전체, 목, 어깨, 등, 가슴, 아랫배, 양 손으로 이어지는 신체의 각 부분에 순차적으로 주의를 기울이는 알아차리기 방법입니다. 서서 해도 좋고, 의자에 편하게 앉아서 해도 좋고, 바닥에 편하게 누워서 해도 좋습니다.

우선 숨을 천천히 편하게 쉽니다. 머리에서 시작해서 천천히 눈, 코, 입, 얼굴전체, 목, 어깨, 등, 가슴, 아랫배, 양 손으로 이어지는 신체의 각 부위의 온갖 느낌을 있는 그대로 알아차려 봅니다. 예컨대, 따스함, 촉촉함, 가벼움, 묵직함, 절임, 간지러움, 가벼움, 불편함, 긴장감 등등의 모든 느낌을 있는 그대로 알아차려 보는 것입니다. 그리고 열린 마음과 호기심으로 신체의 각 부분에서 지금 이 순간의 감각을 판단하지 말고, 바꾸려고도 하지

난 행복하면 안 돼요

않으면서 있는 그대로 알아차리도록 합니다. 만약 신체의 어떤 부분이 긴장되어 있다면 단지 그 긴장을 알아차리고, 아픔 또는 통증을 느낀다면 주의 깊게 그 성질을 관찰하도록 합니다. 만약 어떤 감각도 알아차릴 수 없다면 감각이 없다는 사실 자체를 알아차립니다. 혹시 마음이 방황하거나 졸음이 올 때는 비판이나 판단 없이 그 사실을 알아차리고 부드럽게 호흡에 집중하고 다시 바디스캔으로 주의를 돌리면 됩니다.

혹시 지금 의자에 앉은 채로 이 책을 읽고 계시나요? 아니면 방바닥에 엎드려서 읽고 계시나요? 어떤 자세이든지 지금 이 순간 어떤 신체적 감각이 느껴지는지 주의를 기울여보기 바랍니다. 예를 든다면 엉덩이가 의자에 닿는 느낌, 혹은 배가 바닥에 닿는 느낌, 그리고 이 책을 다 읽고 자리에서 일어설 때 다리의 움직임, 그 다음에 발걸음을 떼어 걷는 동작을 하나하나 느껴봅니다.

다음에는 바디스캔을 통해서 신체적 고통을 알아차린 사례를 보겠습니다.

사례:
바디스캔을 하니 가슴통증이 사라졌어요.

코칭 프로그램 초기에 몸의 느낌을 알아차리는 훈련을 할 때 가장 먼저 사용하는 방법이 있습니다. 왼손 팔뚝을 꼬집고 나서 그 느낌이 어떻게 변하는지 알아차리는 훈련입니다. 이 훈련은 누구나 쉽게 할 수 있습니다. 왼손 팔뚝의 아픈 느낌이 시간이 지나면서 점차 줄어들고 나중에는 사라지는 것을 알아차릴 수 있게 됩니다.

만약에 동일한 강도로 내가 아니라 평소 나와 불편한 관계에 있는 사람이 이유 없이 꼬집었다면 어떻게 느낄까요? 대부분 불편한 생각이나 감정이 일어나면서 아픔이 더 크게 느껴졌을 겁니다. 우리 현실이 이런 거죠. 동일한 외부 자극이라도 알아차리고 지켜보면 점점 줄어들다가 사라지지만 알아차리지 못하면 우리는 그 자극

난 행복하면 안 돼요 |

을 더 키워서 더 고통스럽게 느끼게 되는 것이죠.

꼬집기 훈련을 하고 나서 본격적인 바디스캔을 같이 하다가 일어난 일이었습니다. 여러 사람들과 함께 동시에 바디스캔을 하다 보니 한 사람씩 일일이 세세하게 지도하기가 쉽지 않은 상황이었습니다. 그럼에도 불구하고 조심스럽게 천천히 호흡 알아차리기를 한 후 바디스캔을 시작했습니다. 배에서 알아차리기를 시작해서 머리로 가서 이후 천천히 눈, 코, 입, 얼굴전체, 목, 어깨, 등, 가슴, 아랫배, 양 손으로 이어지는 신체의 각 부분에 순차적으로 주의를 기울이면서 바디스캔을 해 나갔습니다. 몸 하체는 생략하고 상체 위주로 바디스캔을 했습니다. 그 이유는 감정이 주로 몸의 상체 부분에 많이 쌓이게 되는 이유도 있고, 또한 온 몸을 바디스캔하기에는 시간이 부족하고 앉아서 하기에도 적당하지 않았기 때문입니다. 다 끝나고 나서 소감을 나누는 시간이었습니다. 한 사람이 평소 손목에 통증이 있었는데 바디스캔을 하면서 그 감각을 알아차리고 지켜보고 있었더니 통증이 사라지는 것을 느꼈다고 말해 주었습니다. 그 말에 대부분의 사람들도 다소간 강도의 차이는 있었지만 몸의 느낌을 알아차리고 지켜보았더니 그 느낌이 사라져 버렸다고 자신의 소감을 말했습니다. 그런데 한 사람은 평소 가슴에 아픔을 느꼈는데 바디스캔을 하라고 해서 거기에 집중해 보았더니 오히려 아픔이 더 커졌다고 말했습니다. 그래서 그 사람은 별도로 일대일로 바디스캔을 도와주었습니다.

우선 배의 호흡에 주의를 기울이면서 호흡 알아차리기를 충분하게 연습하고 바디스캔으로 들어갔습니다. 눈을 감고 가슴의 통증을 느껴보라고 했더니 느껴진다고 했습니다. 그 느낌의 강도가 10점 만점에 몇 점 정도냐고 물었더니 7점 정도라고 대답했습니다.

이번에는 가슴의 통증을 판단하지 말고 있는 그대로 알아차리고 지켜보라고 했습니다. 대신 배에 손을 대고 배의 호흡을 알아차리면서 가슴의 느낌을 지켜보라고 했습니다. 배의 호흡을 알아차리면서 숨을 들이마실 때 가슴의 느낌과 숨을 내쉴 때의 가슴의 느낌이 어떻게 다른지 비교하면서 가슴의 느낌을 지켜보라고 했습니다. 즉, 가슴의 느낌에 집중하는 것이 아니라 그 느낌을 알아차리고 지켜보는 것이 어떻게 다른지 깨닫게 도와주었습니다.

1분 뒤 가슴 통증의 강도가 몇 점이냐고 물었더니 10점 만점에 4점 정도라고 했습니다. 그리고 숨을 들이마실 때보다 내쉴 때가 좀 더 편했다고 말해 주었습니다. 다시 눈을 감고 한 번 더 가슴의 통증을 알아차리고 지켜봐 달라고 부탁했습니다. 이번에도 배의 호흡을 알아차리면서 가슴의 느낌을 지켜보는 것이었습니다. 역시 1분 후 가슴의 통증의 강도가 10점 만점에 몇 점 정도냐고 물었더니 1점 정도라고 했습니다.

같이 공부하던 사람들이 모두 박수를 쳤습니다. 그들 스스로 깨달았던 것입니다. 몸의 느낌도 알아차리고 지켜보면 스스로 조용히 지나간다는 것을. 그리고 느낌을 알아차리고 지켜본다는 것은 느낌에 집중해서 빠져 들어가는 것과 다르다는 것을...

두고 온 가족들에 대한 죄책감과
그리움 때문에 힘들어요.

육체적인 고통이 치료돼도 북한이탈주민들이 계속 느끼는 마음의 고통 중 가장 많은 비중을 차지하는 것은 아마도 북한에 두고 온 가족에 대한 미안함과 죄책감일 겁니다. 왜냐하면 북한을 탈출하는 과정에서 가족들과 헤어지게 되고 심지어는 가족에게 제대로 작별인사조차 못하고 떠나온 사람들이 대부분이기 때문입니다.

게다가 북한은 핵심계층, 동요계층, 적대계층으로 나눠서 주민들을 관리하고 토대를 기본으로 작동하는 사회입니다. 이는 가족연좌제로 가장 인간적인 측면을 볼모로 잡는 통제양식입니다. 개인의 불만표출과 집단행동을 통제하기 위해 범법자 당사자만 처벌하는 것이 아니라 그 가족을 같이 처벌하며, 당대뿐만 아니라 후대에까지 적용을 시키고 있습니다. 게다가 가족 연좌제 때문에 자살도 할 수 없습니다. 자살은 가장 극단적인 반역행동으로 간주되며 유족들이 반역자 가족 취급을 받기 때문입니다. 그러한 이유로 북한에 남아 있는 탈북자 가족들이 가족연좌제로 더 고생하게 되는 것입니다. 사정이 이렇다 보니 북한에 사랑하는 가족들이 남아 있는 북한이탈주민들은 사랑하는 사람들이 생각나면 가족들과 함께 오지 못한 자신을 자책하게 됩니다. 그래서 행복하면 안 된다고 스스로에게 말하는 것입니다.

북녘고향으로 보내는 편지를 모은 책 "고향마을 살구꽃은 피는데"를 읽어보면 혈육에 대한 이러한 애절한 그리움과 죄책감이 사무쳐 있어 눈물 없이는 읽을 수 없습니다. 그 편지들 중 몇 가지 사연을 일부 소개합니다.

1. "나는 포기를 몰랐던 한 남자와 요란한 축복도 없이 화려한 꽃다발도 없이 결혼을 하여 수수한 가정생활을 하게 되었습니다. 그 때 그 시절은 눈부시게 빛나는 한때였고 평생을 같이 살자고 약속하였던 사람이어서 아마 이 세상의 사랑은 나 혼자만이 독차지 하는 듯 마음은 날을 듯이 가볍기만 했습니다. 불면 날아갈까 쥐면 깨어질까 하였던 그 시절에 우리에겐 고난의 행군이 닥쳐오기 시작했습니다.

죽자 살자하던 우리의 사랑도 고난의 행군 시기에는 싸늘히 허물어지기 시작하였습니다. 굶주림은 죄도 없는 우리 가족의 서로간의 사랑마저 사정없이 빼앗아 갔습니다. 늘 밥상에는 죽 한 그릇, 그리고 도토리 된장이 전부였습니다.

7살 난 철없는 애가 아버지 죽 그릇에 손을 대었던 어느 날 저녁 죽도록 맞는 참상이 빚어졌습니다. 내가 아이 편을 든다고 점차 가정싸움으로 번지고 말았습니다. 하지만 누굴 탓하랴...

자그마한 애를 두고 그 배를 채워주지 못하는 죄책감, 오히려 부모 구실을 못하는 나 자신이 미웠습니다. 배고 픔의 유혹은 철없는 애들을 인정사정없이 부패의 길로 부르고 있었습니다. 장사를 하자고 꿔온 돈 1,500원 중에서 100원짜리 한 장을 들고 나가 빵과 바꾸어 먹고 장사 밑천도 가만히 훔쳐 내곤 하였습니다.

가슴에 피멍이 든 사연이 또 한 가지가 있었습니다.

내가 일하는 작업반에는 주성희라는 분조장이 있었습니다. 그는 작업반에서 늘 당에 충실한 사람이라고 불리는 정도였습니다. 내가 일하는 소속 분조장이었는데 어느 날 하염없이 밭머리에 앉아 울고 있었습니다. 너무 슬피 울어 이유를 물을 수도 없었고 그저 지켜볼 수 밖에 없었습니다. 후에 안 사연이지만 가슴 아픈 일이 있었던 것입니다. 아들과 같이 있던 본가 아버지가 얼굴이 퉁퉁 부어 주성희 언니집에 온 것이었습니다. 너무도 끔찍해서 딸은 "아버지 어떻게 된 일이세요?"라고 묻자 참 가슴 아픈 사연이 있었습니다. '그래서 언니가 그날 밭머리에 앉아 소리 없이 울었구나.' 나는 뒤늦게 알게 되었습니다. 너무 배고파 손녀의 손에 있는 시래기 까마치(누룽지)를 절반 떼어 먹었다고 아들이 아버지를 때렸다는 것입니다. 결국 아버지는 실컷 맞고 쫓겨나 딸집에 왔던 것입니다.

그 세월은 날이 갈수록 어느 집이나 할 것 없이 가슴에 피멍이 든 사연들이 가득했습니다.

이런 끔찍한 현실 앞에 나는 가정을 포기하고 탈북의 길에 오르지 않으면 안 되었습니다. 아무리 조선에서 100m달리기해도 도무지 일어설 수 있을 것 같지 않아 나를 위해 자식을 위해 삶의 생존에 서슴없이 뛰어들었습니다. 어찌할 수 없었던 혹독한 굶주림이 나를 본의 아니게 두만강 물에 뛰어들게 했고 그 길만이 살길이라는 것을 난 뒤늦게 깨달았습니다.

두고 온 고향, 사랑하는 이웃들을 뒤돌아 볼 새 없이 총성이 울부짖는 두만강 연선에 매복해 있다가 마침내 눈물 젖은 두만강을 넘어 사선을 헤치고 헤치며 달려온 길, 그 길이 오늘 대한민국 내가 사는 제2의 고향입니다.

'자나 깨나 한시도 잊어본 적 없는 내 아들.
이 몸이 배라도 되면 파도를 헤쳐 가련만 마음뿐이다.
언제면 만나랴 그리운 내 아들. 사랑하는 내 아들.
아들아 부디 어머니 심정을 이해해다오.
비록 지금은 내가 어머니다운 어머니가 아니라고 하지만 난 자나 깨나 한시도 너를 잊은 적 없다.
너와 나의 생이별은 다 썩고 병든 북한체제 때문이라는 것을 알 때가 꼭 있을 거라고 생각한다.

2. " 이제 70고령이 되신 엄마와 헤어진 지 10년이 넘었고, 어린 아들을 엄마한테 맡기고 중국에 와서 돈을 벌어 오겠다고 했는데... 그 약속을 지켜드리지 못해 죄스러운 마음 뿐이고 지금까지 홀로 손자를 키우느라 얼마나 고생이 많으실지... 죽어도 같이 죽고 살아도 같이 살아야 하는데 혼자 살겠다고 한국으로 온 제가 너무나 미워집니다. 북에 사랑하는 아들과 가족을 두고 이렇게 혼자 와 있으니.. 정말 힘이 듭니다. 우울증으로 치료도 몇 차례 받았습니다."

3. "아들과 헤어진 지 10년이 흘렀고, 아직도 기억에 생생한 10년 전 밀수를 했다는 죄목으로 경비대가 집으로 들이닥칠 때... 나와 남편은 도망칠 곳이 없어 두만강을 건넜고, 경비대에게 잡히면 총살형이니 도망을 가서 목숨만은 유지하려는 급한 마음에 잠을 자던 자식들을 깨우지 못한 것이 그만 이렇게 긴 이별이 되었습니다."

지금은 21세기입니다. 남한에서는 해방 이후 발생한 한국전쟁으로 인해 가족이 헤어져서 이산가족의 고통을 안고 살아온 사람들이 많이 있습니다. 그런데 한국전쟁이 발발한지도 벌써 60년이 지났습니다. 그 사이 이산

가족 1세대 분들이 돌아가시기 시작하면서 이산가족의 숫자는 점차 줄어들고 있는 실정입니다. 그러다 보니 한때 온 나라가 이산가족 찾기 캠페인 방송을 보면서 눈물을 흘렸던 기억은 이제는 점차 잊혀져가고 있습니다. 그런데 바로 그런 고통을 북한이탈주민들은 지금 생생하게 최고치로 겪고 있는 것입니다.

그 고통을 달래주고 위로해 주고 그래서 스스로 그 고통을 내려놓지 못하면 아무 일도 쉽게 하기 어렵습니다. 사실 일을 하더라도 편하지 않고 잠을 자더라도 편하게 자지 못합니다. 이것이 상당수 북한이탈주민들의 현실입니다.

난 행복하면 안 돼요.

코칭을 하면서 자주 사용하는 방법이 하나 있습니다. 즉, 자신이 가장 행복했던 때 혹은 이렇게 되면 가장 행복할 것 같은 상황을 상상해 보라고 하면 사람들은 누구나 아주 쉽게 그 순간을 상상하면서 행복해 합니다. 그리고 그 느낌을 잘 기억해 두었다가 필요하면 불러서 활용할 수 있습니다. 이 방법은 누구에게나 쉽게 적용할 수 있는 코칭 스킬 중의 하나입니다.

수업 중에 이 방법을 가르쳐 주기 위해 이렇게 요청한 후 일어난 사례를 하나 소개하겠습니다.

"자신이 가장 행복했던 때 혹은 이렇게 되면 가장 행복할 것 같은 상황을 상상해 보세요."

그런데 잠시 후 갑자기 누군가가 이렇게 말하는 것입니다.

"난 행복하면 안 돼요."

이 말은 살면서 들었던 가장 의외의 말이었습니다.

'사람은 누구나 당연히 행복을 추구하고 행복하려고 노력하는 데, 도대체 왜 행복하면 안 된다고 말하는 걸까?' 이 상황은 태어나서 처음 접해 본 상황이었습니다. 정말로 너무나 궁금했지만 다른 사람들에게 방해를 주지 않기 위해 수업이 끝난 뒤 그 사람에게 조심스럽게 물어보았습니다.

"아까 '난 행복하면 안 돼요.' 라고 말씀하셨는데 무슨 까닭이 있으세요?"

그 사람은 잠시 주저하다가 이렇게 말했습니다.

"눈을 감고 행복한 순간을 떠 올리려고 하면 거대한 검은 파도가 밀려와요"

"그러셨군요. 굉장히 힘든 일이 있으셨나 보네요."

"예..."

잠시 후

"사실 저는 북한에 가족들을 놔두고 혼자 왔어요. 두고 온 가족들을 생각하면 나 혼자서 행복하면 안 돼요"

이 말을 듣는 순간 가슴이 찡~하면서 눈물이 핑 돌았습니다.

인간이라면 누구나 사랑하는 가족과 함께 행복하게

살기를 원하는데 얼마나 힘들었으면 스스로를 행복하면 안 된다고 자책했을까요.

"그러셨군요, 얼마나 힘드시겠어요? 자 배에 손을 대고 눈을 감지 마시고 호흡을 알아차려 보세요." 잠시 동안 호흡 알아차리기를 같이 했습니다.

"자, 느낌이 어떠세요?"

"조금 편안해졌어요."

"고맙습니다. 잘 하셨어요. 이번에는 배에 손을 대고 호흡을 하면서 자신의 생각을 알아차려 보세요. 북한에 두고 온 가족들에 대해 미안하다는 생각, 죄책감, 불안감 등을 있는 그대로 알아차리고 지켜보세요."

1분 뒤에 " 자 이번에는 느낌이 어떠세요?"

"그런 생각들이 계속 나타났지만 알아차리고 지켜보니 조금씩 지나갔어요. 특히, 배에 손을 대고 호흡을 하니 생각들이 잘 지나갔어요. 그렇지만 지나간 생각들이 또 떠오르면서 괴롭히네요."

"잘 하셨어요. 지나간 생각들이 다시 와도 신경을 쓰지 말고 판단하지 말고 그냥 알아차리고 지켜보세요. 그러면 그 생각들의 강도가 점차 줄어들게 됩니다."

"잘 알겠습니다. 한번 열심히 연습해 볼게요."

그 교육생은 이후 많은 연습을 통해 눈을 감고도 거대

한 파도가 밀려오는 공포를 겪지 않게 되었고 편안하게 자신의 생각을 지켜볼 수 있게 되었습니다. 그리고 나선 얼굴과 마음이 한결 편하게 변하고 성장하게 되었습니다.

이 시간은 결국 북한이탈주민 코칭을 통해서 뭘 해야 할지 사명감을 얻게 된 순간이 되었습니다. '스스로에게 행복하면 안 된다고 말할 정도의 이런 고통을 이해하고 공감해 줘야 한다. 그리고 종국적으로는 그 고통을 스스로 직면해서 감내하고 내려놓을 수 있게 도와줘야 한다.' 라고 스스로 다짐하는 시간이 되었습니다.

 알아차리고 바라보면 내려놓을 수
있게 됩니다.

'스스로에게 행복하면 안 된다고 말할 정도의 이 고통
을 이해하고 공감해 줘야 한다. 그리고 종국적으로는 그
고통을 스스로 직면해서 감내하고 내려놓을 수 있게 도
와줘야 한다.' 라고 스스로 다짐했는데 과연 어떤 방법
을 통해서 그렇게 될 수 있었을까요?

그것은 바로 그 고통을 부정하지도 않고 회피하지도
않고 바로 직면하는 것입니다.

코칭에서 한 가지 만병통치약은 없습니다. 코칭 과정
에서 다양한 방법들과 훈련을 통하여 부단히 연습하다
보면 저절로 좋아지게 될 것입니다. 그렇지만 모든 방법
들을 관통하는 하나의 기본적인 접근방법이 있습니다.
바로 '알아차리기'입니다. '알아차리기'는 부정적인 생각

이나 감정을 피하지 않고 직면해서 거기에 머물러서 지켜보는 것입니다.

'알아차리기'를 가르치는 시간이 되면 늘 힘이 솟습니다. 특히나 북한이탈주민들과 함께 이것을 배우고 실습하는 시간에는 늘 사명감과 뿌듯한 보람이 함께 했습니다.

'알아차리기'는 바로 지금 여기에서 순간순간의 현상들을 포착해서 놓치지 않고 명료하게 알아차리는 것입니다. 누구나 악몽을 꾸어보았을 것입니다. 악몽을 꿀 그 당시에는 너무나 힘들지만 꿈에서 깨어나면 별거 아닙니다. 그런데 악몽을 꾸는 중에 꿈이라는 것을 알아차리면 어떻게 될까요? 악몽이 진행되다가 바로 끝납니다. 현실에서도 비슷합니다. 어떤 부정적인 생각, 감정, 욕망, 어리석음이 일어나도 그것이 일어나는 걸 알아차리면 거기에 쉽게 휩쓸리지 않습니다.

알아차리기 훈련은 자기 안에서 일어나는 생각들을 마치 제3자가 바라보는 것처럼, 영화를 보듯이 바라보는 훈련입니다. 어떤 생각이 들든지 그냥 알아차리고 바라보면 됩니다. 그러면 온갖 생각들이 금방 흘러 지나갑니다. 물론 한 생각을 알아차리고 지나가게 하면 금세 다른 생각이 떠오릅니다. 그러면 또 알아차리면 됩니다. 이런 과정을 계속 반복하는 것입니다. 알아차리기가 몸에 배면 부정적인 생각을 조절하는 데 많은 도움을 받을 수 있습니다. 부정적인 생각이 떠오르면 그 생각을 즉시 알아차리고 바라볼 수 있기 때문입니다. 그러면 그 생각은 더 이상 꼬리에 꼬리를 물고 이어지지 않고 그냥 흘러가서 지나가 버립니다. 물론 이렇게 될 때까지는 꾸준한 연습이 필요합니다.

북한이탈주민들이 이미 호흡 알아차리기를 어느 정도 익혔기 때문에 바로 생각을 알아차리는 단계로 들어갔습니다.

우선 다음과 같은 방법으로 안내하여 그들이 훨씬 쉽게 체험할 수 있도록 도와주었습니다.

"자, 지금부터 10초의 시간을 주겠습니다. 이 10초 동안 자신에게 무슨 생각이 떠오르는지 알아차려 보세요."

1초, 2초, 3초, 4초, 5초, 6초, 7초, 8초, 9초, 10초.

"무슨 생각이 일어났나요?"

대답은 다 달랐습니다. 어떤 사람은 일 생각, 어떤 사람은 먹을 것 생각, 어떤 사람들은 이런 질문을 한 이유가 뭘까? 라는 생각, 또 어떤 사람은 아무 생각도 나지 않았다고 대답합니다. 그러면 이렇게 설명해 줍니다.

"그 어떤 생각이라도 일어났던 생각을 그냥 알아차리면 됩니다."

그리고 나서 다음과 같이 요청합니다.

"자, 이제 다시 한 번 10초의 시간을 주겠습니다. 이번에는 10초 동안 몇 가지 생각이 났는지 세 보세요."

1초, 2초, 3초, 4초, 5초, 6초, 7초, 8초, 9초, 10초.

이번에도 사람마다 반응이 제각각입니다.

생각이 나지 않았다는 사람부터 여섯 가지 생각이 난 사람까지 다양했습니다. 불과 10초 동안에도 무려 6가지 생각이 떠올랐다는 사람도 있어서 놀랐습니다.

이렇게 두세 번 반복해보면 10초 동안 일어났던 자기 자신의 생각을 알아차릴 수 있게 됩니다.

우리들 대부분은 일상생활을 하는 동안에는 자신의 생각을 잘 알아차리지 못하지만, 10초라는 아주 짧은 시간을 주면 대부분 자신의 생각을 분명히 알아차릴 수 있습니다. 생각을 알아차릴 때는 어떠한 판단도 붙이지 않습니다. 우리의 뇌는 워낙 빠른 속도로 작동하기 때문에 생각을 알아차려도 바로 다른 생각으로 이어집니다. 그러면 판단을 붙이지 말고 새롭게 일어나는 생각을 또 알아차리면 됩니다. 알아차리기 전에는 생각이 꼬리에 꼬리를 물고 일어납니다. 흔히 말하는 오만 가지 생각이 일어나는 것입니다.

알아차리기에 익숙해지면 생각이 일어나고 사라지는

간격이 점점 길어지다가 어느 순간 생각이 전혀 일어나지 않는 시간이 나타나기도 합니다. 이것은 일부러 생각을 일으키지 않으려고 하는 것과 다릅니다. 생각을 억지로 일으키지 않으려고 하면 오히려 더 생각이 일어납니다. 하지만 일어나는 생각을 계속 알아차리면 어느 순간 생각에 끌려 다니지 않는 상태가 됩니다. 알아차리기 전에는 생각에 끌려 다니지만 알아차린 후에는 생각에 끌려 다니지 않게 됩니다. 그렇지만 알아차리기를 해도 생각에 끌려가는 경우가 종종 있습니다. 이런 경우에는 배의 호흡으로 돌아가서 호흡을 알아차리면 됩니다. 그러면 떠오른 생각은 곧 지나가게 됩니다. 물론 지나간 생각이 다시 오는 경우도 있습니다. 그런 경우에도 신경 쓰지 말고, 판단하지 말고 그냥 알아차리면 됩니다.

그럼 부정적인 생각이나 부정적인 감정에 끌려 다닌다는 것은 무엇을 말하는 걸까요? 쉽게 얘기하면 흔히 말하는 '홧김에' 우리가 의도하지 않았던 말이나 행동을 하게 되는 것입니다.

바로 이점 때문에 '홧김에' 하는 말이나 행동이 많은 북한이탈주민들에게 호흡 알아차리기와 생각 알아차리기는 효과가 적지 않았습니다. 알아차리기를 하면 금방 차분해졌고 목소리도 작아졌고 쉽게 흥분하지 않게 되었습니다.

말에는 힘이 있습니다.

북한이탈주민들과 코칭 수업을 하면서 느꼈던 어려운 점 중의 하나는 언어의 사용이 조금씩 다르다는 것이었습니다. 예를 들어 남한에서는 너무나 익숙한 '괜찮습니다.'가 북한에서는 '일 없습니다.'로 표현됩니다. 한글 '가나다라...'를 북한에서는 '그느드르...' 라고 합니다. 또한 북한에서는 외래어 사용을 거의 하지 않습니다.

이와 관련해서 북한이탈주민들이 남한에 와서 겪는 에피소드 중 아주 유명한 내용이 있습니다.

한 북한이탈주민 어머니가 아이들과 함께 식당에 갔습니다. 메뉴를 주문하고 기다리면서 주위를 보니 식탁에 다 물이 있는 데 자기 식탁에는 물을 가져다주지 않는 것이었습니다. 그래서 종업원에게 물을 달라고 요청했습니다. 그러자 그 종업원은 '물은 셀프입니다.'라고 하면서 돌아갔습니다. 잠시 기다렸는데 여전히 물을 가져다주지 않았습니다. 그래서 다시 종업원에게 물을 달라고 요청했습니다. 그러자 이번에는 종업원이 약간 짜증스런 목소리로 '물은 셀프라니까요!'라고 대답했습니다. 그러자 이번에는 그 어머니가 아이들 앞에서 무시를 당했다는 생각이 들었습니다. 그리고 이렇게 말하면서 화를 냈습니다.

'셀프면 셀프지, 우리는 왜 물 안 주는 거예요?'

반면에 코칭은 미국에서 시작되어 영어 사용이 많기 때문에 실제 수업 시간에 코칭 용어를 이해시키는 것이 쉽지 않았습니다. 그럼에도 불구하고 천천히 개념을 설명해 주면서 코칭을 몸으로 터득하게 도와주었습니다.

북한이탈주민들에게는 외래어로 인한 생소함뿐만 아니라 북한사회에서 익숙했던 비판적이고 감정적인 언어 사용도 남한사회에 적응하기 힘든 요인 중에 하나였습니다. 수업 초기에 북한이탈주민들끼리 대화를 시켜 보면 북한이탈주민들이 자기의 주장을 너무 강하게 얘기하는 것을 보고 조금 놀랐습니다. 나중에 알고 보니 북한에서는 상호고발제도와 생활총화라는 제도가 있습니다. 상호고발제도 때문에 고발하지 않으면 고발하지 않은 사람이 같은 처벌을 받게 됩니다. 또한 매주 실시되는 생활총화 때문에 자기비판이 끝난 다음에는 다른 사람을 무조건 비판해야 합니다. 북한이탈주민은 '상호고발제도'와 '생활총화'를 통해서 자신과 남을 비판해야만 살아남을 수 있는 환경에서 살아왔다고 해도 과언이 아닙니다. 따라서 자기도 모르게 물든 무조건적인 비판 습관 때문에 다른 사람들이 나와 다를 수 있다는 평범한 다양성을 수용하는 것을 힘들어 했습니다.

한번은 코칭 수업시간에 '삶'이라는 단어에 대해서 나름대로 정의를 내려 보라고 요청했습니다. 그 어떤 정답이 있다기보다는 그냥 각자 자신이 생각하는 삶에 대한 주관적인 견해를 얘기하는 자리였습니다.

한 사람이 삶의 정의에 대해 다음과 같이 자신의 생각을 얘기했습니다.

"자기 삶과 자기운명의 주인은 자기 자신이며 자기운명을 개척하는 힘도 자기 자신에게 있다는 주체사상의 원리가 이 자본주의 사회에도 일부 적용이 된다는 생각이 듭니다."

그러자 갑자기 다른 사람이 거칠게 반론하기 시작했습니다.

"주체사상은 김일성이 독재하고 인민을 통제하기 위해 만든 나쁜 사상입니다."

그러면서 계속 더 큰 목소리로 주체사상이 잘못됐다는 얘기만 하면서 상대방을 윽박지르기 시작했습니다. 아마도 그 사람은 북한에서 세뇌되어 머릿속에 깊숙이 자리잡은 주체사상의 기억들을 없애버리고 싶은 생각에서 그렇게 거칠게 반박했을 지도 모릅니다. 아무튼 반박하는 과정에서 상대방을 상당히 난처하게 만들었습니다.

처음 주장을 한 사람은 눈물을 글썽이면서 해명하기 시작했습니다.

"제 말은 주체사상이 좋다는 의미가 아니라 자본주의 사회인 대한민국에서 살다보니까 오직 믿을 건 자기 자신밖에 없다는 점을 강조하기 위해서 주체사상을 인용한 겁니다. 주체사상은 당연히 인민을 못살게 한 나쁜 사상입니다."

이렇게 해명을 했지만 상대방은 이런 해명도 들으려 하지 않고 계속 자기주장만 더 크게 얘기했습니다. 할 수 없이 수업 분위기를 위해 개입했습니다.

"삶에 대한 견해는 누구나 자기 의견을 애기할 수 있고, 다른 사람의 말도 경청해야 합니다." 라고 말하면서 분위기를 돌렸던 적도 있었습니다.

이런 경험들을 하면서 북한이탈주민들에게 '말의 힘'을 강조하는 코칭이 필요함을 절실하게 느꼈습니다. 북한에서 배운 '무조건적인 비판, 비판을 위한 비판'이 아니라 상대방을 공감하고 긍정하는 언어의 힘에 대해 강조하고 이를 적극적으로 활용하는 연습을 했습니다.

말의 힘을 직접 확인하기 위해 재미있는 실험을 숙제 내주었습니다. '물은 답을 알고 있다.' 라는 책과 동영상에 나온 것처럼 각자 집에 가서 두 개의 컵에 각각 양파의 뿌리가 물에 닿을 정도로 물을 채운 후 한쪽 컵에는 '사랑해' 다른 한쪽 컵에는 '미워, 짜증나'를 써서 붙이게 하였습니다. 그리고 그 말을 매일 반복적으로 두 개의 양파를 볼 때마다 각각의 말을 해 주도록 했습니다. 그리고 일주일이 지나서 어떤 변화가 있었는지 발표해 달라고 요청했습니다. 일주일이 지나자 '사랑해' 컵에 담겨져 있는 양파는 놀랄 정도로 쑥쑥 자랐지만 '미워, 짜증나' 컵에 담겨진 양파는 자라다 말거나 정말 신기하게도 썩어 버렸다고 대부분 발표했습니다. 이뿐만 아니라 교육생 중 한명은 동영상에서 본 그대로 밥을 가지고 실험을 해서 교육시간에 들고 와 우리에게 변화된 모습을 보여 주기도 하였습니다. 백문이 불여일견 이라고 함께 간단하게 실험을 하도록 하니 그들 스스로 말의 힘에 대해 직접 체험할 수 있게 되었습니다.

사례:
말에는 정말 힘이 있어요.

코칭 수강생 중 A씨는 평소 열등감이 심하고 자신감이 없어서 나름대로 자기 생각이 옳다는 것을 알면서도 표현하지 못하고, 하나하나 재가며 망설이고 선뜻 표현하지 못하였다고 합니다. 그러면서 속으로 이렇게 생각하며 스스로를 위로하면서 살아왔다고 합니다.

'말 많은 북한이탈주민들은 상대하지 않으면 되고, 나는 진심으로 대하는 데 욕심으로 나를 대하는 사람들은 만나지 않으면 된다.'

그렇지만 자신이 만들어낸 무수한 생각들이 무서울 정도로 자신을 지배하고 있었다는 생각은 해 보지도 못했다고 합니다.

어려서부터 작은 키에 건강하지 않아 매일 병원생활

을 해야 했던 A씨는 코칭 교육을 받기 전까지는 스스로 이런 생각을 했다고 합니다.

'나는 머리감고 찬바람 쐬면 여름이라도 곧바로 머리에서 열이 나면서 으슬으슬 추워져', '고기 먹으면 소화가 잘 안 돼', '피곤하면 잇몸이 부어'

그런데 코칭 시간에 동영상을 보면서 똑 같은 밥에다가 한쪽은 "고맙습니다, 사랑합니다."라고 얘기해 주고, 다른 쪽에는 "짜증나, 미워" 라고 이 말을 계속 한 결과 며칠 지난 후 양 쪽이 놀랍게도 달라진 것을 보고 정말로 깜짝 놀랐다고 합니다.

'고맙습니다. 사랑합니다.' 라고 한 밥은 구수한 누룩내가 나는 데 비해 '미워, 짜증나' 라고 한 밥은 까맣게 썩어 버린 것입니다.

그것을 보고 나서 '인생이 정말 그렇구나, 내가 일상생활에서 평범하게 하는 한마디, 한마디 말들이 내 인생을 바꾸게 되는구나.' 라는 깨달음을 얻게 되었다고 합니다. 그러면서 북한에도 '말이 씨가 된다.'는 속담이 있고, 일상에서 매일 사람들에게 "짜증나", "그런 건 못해" 이런 말을 계속 하게 되면 자기 인생이 그렇게 되어 간다는 것을 깨달았다고 합니다.

말의 힘을 깨닫고 난 지금은 A씨는 부정적인 생각이 올라올 때 마다

'그런 생각들을 가지고 있으면 누가 가장 손해일까?' 하고 즉시 부정적인 생각을 알아차리게 되었다고 합니다. 잘 체하기도 했고, 몸도 많이 약했고 참는 것이 많다 보니까 얼굴에는 항상 근심이 끼여 있었는데 생각을 변화시켰더니 이제는 만나게 되는 북한이탈주민들이나 심지어 남한사람들로부터도 인상이 참 좋고 편하고, 자신감과 열정이 넘친다는 말까지 듣게 되었다고 합니다. 참으로 행복한 변화입니다.

세 번째 만남:

나도 모르게 흥분되며 화가 나요.

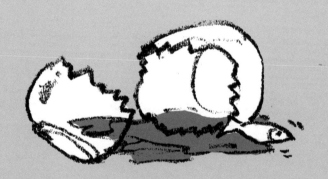

감정은 여러 가지 방식으로 우리 삶에 기여합니다. 몸에서 감정의 에너지를 생성하는 것은 매우 자연스런 일이며, 기본적으로 우리의 생존을 책임지기도 합니다. 예를 들어 기차가 달려오는 철로 위에 서면 본능적으로 두려움의 감정을 느끼고, 이 두려움 덕분에 철로 밖으로 몸을 피할 수 있다는 것은 아주 고마운 일입니다. 절벽을 걸을 때도 마찬가지입니다. 몸속에 생기는 두려움이라는 감정 때문에 절벽의 낭떠러지를 피해갈 수 있는 까닭입니다. 위험이 다가오면 두려움이라는 감정이 우리에게 이를 알려주는 것입니다. 생존 문제를 넘어서 우리의 건강과 안전, 행복을 위해서도 감정은 매우 중요한 역할을 담당하고 있습니다. 감정이 없다면 우리는 결코 우리 자신이 될 수 없습니다. 잘못된 감정이란 없습니다. 다만 적절하지 않은 때에 바람직하지 않은 반응을 보이는 감정이 있을 뿐입니다.

그런데 이런 감정들이 북한이탈주민들에게는 특별한 의미가 있습니다. 북한이탈주민들은 북한 내에서의 기아와 핍박, 감시, 주민들끼리 서로 비판하기, 이탈 과정에서 당하는 각종 배신, 남한에서의 문화 차이 때문에 겪는 혼란감 등으로 부정적인 감정, 특히 분노가 깊게 쌓여 있습니다. 그래서 아주 작은 계기만 발생해도 쉽게 분노를 터뜨리는 것을 볼 수 있게 됩니다. 그러다 보니 종종 분노를 터뜨리고 자신도 모르게 흥분하여 사고를 치게 되는 경향이 있습니다.

이런 경향들은 코칭 수업과정에서도 우연하게 자신의 생각과 다른 의견이 나오면 쉽게 큰 목소리와 감정을 섞어 가면서 반박을 하는 것을 통하여 알 수 있습니다. 결국 이것은 감정의 조절문제입니다. 자신의 내면에 쌓인 부정적인 감정의 응어리를 해결하지 못하면 사소한 일에도 쉽게 화를 내고 흥분하는 반응을 피할 수 없게 됩니다.

'어떻게 하면 그들이 감정을 보다 쉽게 스스로 조절할 수 있을까?'

이 고민에 대한 해답으로 코칭 수업 과정에서 앞서 설명한 호흡, 몸의 느낌, 생각알아차리기를 연습한 후에 감정을 알아차리는 수업을 하고 훈련을 하게 되었습니다. 사실 감정 알아차리기는 코칭 수업을 통해서 전문코치가 되려는 사람들에게는 무엇보다도 중요한 방법입니다. 왜냐하면 적지 않은 수의 사람들은 문제가 생기면 감정적으로 너무 쉽게 반응하기 때문에 우선적으로 감정 분리를 해 줘야만 하기 때문입니다.

부정적인 감정에 이름 붙여 보세요.

북한이탈주민들에게는 감정 중에서도 특히 '화'가 문제가 될 때가 많습니다. 왜냐하면 북한에 있을 때 욕구불만 상태가 오래되었기 때문입니다.

"북한의 사회심리 연구" 논문에 의하면 북한주민들은 생존에 관한 1차적인 욕구불만이 지속되어 공격적인 행동을 나타낸다고 합니다.

공격적인 행동은 가능한 한 욕구불만이라고 생각되는 대상이나 사람에 대하여 자기의 적대감을 직접적으로 나타내려고 합니다. 그러나 북한의 감시체제하에서는 욕구불만의 원인이 되는 대상에 대하여 직접적으로 공격할 수 없기 때문에 다른 대상인 동료와 말다툼을 하거나 싸움을 한다고 합니다.

탈북자들의 거의 대부분이 비슷한 내용의 증언을 한다고 합니다.

"쪼들리고 핍박받으니 이제는 악밖에 남은 것이 없다."

북한주민들은 말이 거칠고 언성이 높은 경우가 종종 있습니다. 생활과정에서 쌓인 스트레스가 풀리지 않아서 그렇다는 것입니다. 그래서 직장동료, 친구, 이웃 간에 종종 말싸움을 한다는 것입니다.

'화'라는 것은 자연스러운 감정의 일부분이지만 우리가 경계하는 것은 화를 스스로 주체할 수 없게 되어 자기 자신과 다른 사람에게 상처를 주는 것입니다. 그렇지만 화를 무조건 참는 것도 올바른 방법이 아닙니다. 우리는 화를 참기만 했을 때 생기는 화병이 무엇인지 잘 알고 있습니다. 화를 참으면 화병이 나든지, 아니면 용수철처럼 더 이상 누를 수 없는 상태가 되어 어느 순간 확 튀듯이 폭발해버립니다.

그러면 '화'를 어떻게 조절할 수 있을까요? 바로 감정 알아차리기입니다.

감정 알아차리기도 생각 알아차리기와 동일합니다. 어떤 감정이 일어나든지 그것에 대해 판단하지 않은 채로 알아차립니다. 이때 일어나는 감정에 대해서 이름을 붙이는 것은 감정 알아차리기에서 아주 유용합니다. 예를 들어 화가 나면 화, 짜증이 나면 짜증, 두려움이 일어나면 두려움, 불안감이 일어나면 불안감이라고 이름 붙이는 겁니다.

감정은 생각보다 훨씬 더 강합니다. 그래서 감정은 느낌이나 생각과 달리 알아차렸다고 해서 바로 지나가거나 사라지지 않습니다. 대신 감정을 알아차리면, 알아차리는 만큼 감정의 강도가 줄어듭니다. 쉽게 말해 알아차리기 전의 감정 강도가 10이라면 알아차리고 난 후의 감정 강도는 예를 들어 5 내외가 된다는 것입니다. 이렇게 반복적으로 알아차리면 자신으로부터 부정적인 감정을 비교적 쉽게 분리시킬 수 있게 됩니다. 흔히 말하는 감정을 내려놓게 되는 것입니다. 사실 감정은 일어났다 사라지는 것입니다. 감정은 시간이 지나면 대부분 저절로 사라지지만 알아차리기를 통해서 더 쉽게 내려놓을 수 있습니다.

감정이 일어난 장소에서 알아차리기를 하면서 머물러 보면 그 느낌이나 감정은 결국 사라진다는 사실을 분명히 알 수 있습니다. 물론 그것이 언제쯤 사라지느냐 하는 시간적 문제가 있을 수 있습니다. 이를 경험할 수 있는 재미있는 방법이 있습니다.

이 훈련은 북한이탈주민들과의 코칭 시간에 실제로 연습한 훈련입니다.

'우선 눈을 감고 다음과 같은 장면을 상상해 봅니다.

지금 당신은 거리를 걷고 있습니다. 그러다가 아는 사람이 건너편에서 걸어가고 있는 것을 발견합니다. 당신은 미소를 지으며 그 사람에게 손을 흔듭니다. 하지만 건너편에 있는 사람은 당신을 알아보지 못했는지 그냥 계속 걸어갑니다.

이 장면을 떠올렸을 때 당신은 어떤 생각과 감정이 드는 가요'

A: 아니 저 사람이 나를 모른 척해! 괘씸하네. 어디 두고 보자.

B: 날 못 봤나 보네. 다음에 만나면 내가 반갑게 인사했다고 애기하자.

이 연습은 상황이 사고 또는 해석으로 이어지고, 그것이 다시 감정으로 이어진다는 것을 설명하고 있습니다. 즉, 상황은 주어진 것이지만 그 상황에 대한 사고 또는 해석의 차이가 다른 감정으로 이어질 수 있다는 것입니다. 생각은 아주 가변적인데도 우리는 생각을 믿으려고 하는 경향성이 있습니다. 그리고 우리는 언제나 생각을 알아차리는 것은 아닙니다. 하지만 그 생각은 우리의 감정에 강력한 영향을 미칠지도 모릅니다. 생각은 우리의 기분에 큰 영향을 미칠 수 있기 때문에 우리가 생각과 감정을 알아차리는 방법을 배우는 것은 아주 중요합니다. 생각과 감정에 대한 알아차리기 훈련은 생각이나 감정이 왔다가 가도록 내버려두게 도와줍니다.

위의 상황에서 A와 같이 감정이 일어났다면 그 감정을 있는 그대로 알아차리고 1분간 지켜봅니다. 이 때 생각 알아차리기와 동일한 요령으로 배에 손을 대고 호흡을 알아차리면서 감정을 지켜보는 것입니다. 1분 뒤 심호흡을 하고 나서 그 감정의 강도가 어떻게 변했는지 느껴봅니다. 대부분의 경우 강도가 많이 줄어든다고 대답합니다. 강도가 잘 줄어들지 않으면 반복해서 감정을 지켜봅니다. 그러면 어렵지 않게 감정의 강도가 줄어드는 것을 느낄 수 있습니다.

 나를 위해서 용서하세요.

감정은 때로 우리를 자유롭게도 하지만 때로 우리를 구속하기도 합니다. 즐거운 감정이 일어나면 우리는 저절로 그것에 집착하고 불쾌한 감정이 생기면 그것을 피하려 합니다. 이렇게 되면 우리는 실타래 같은 감정의 연쇄 고리에 빠지게 됩니다. 그런데 즐거움과 기쁨 등 긍정적인 감정은 비교적 쉽게 떨어지지만, 부정적인 감정은 순간접착제로 붙인 것과 같이 좀처럼 떨어지지 않습니다. 이럴 때 앞서 알아차리기에서 설명한 것처럼 감정을 회피하거나 억누르지 않고 있는 그대로 알아차리고 지켜보면 그것들은 마치 일시적인 날씨의 변화처럼 그냥 지나가게 됩니다. 그리고 한 발 더 나아가, 알아차린 그 감정에 이름을 붙이고 자신이 두려워하는 것이 무

엇인지, 어떤 것이 자신을 얽어매는지, 그리고 그 감정들이 어떻게 지나가는 지를 바라볼 수 있습니다.

부정적인 감정들이 아무리 다양하고 강렬하게 나타난다고 해도 우리는 마음을 열고 우리의 몸과 마음을 알아차릴 수 있습니다. 이 경우 그 경험에 대한 우리의 반응에도 마음을 열고 두려움과 혐오, 분노 등을 바라보면서 그것들을 수용할 수 있습니다. 이렇게 되면 그것들을 지나가게 할 수 있습니다. 즉, 자유로워질 수 있게 되는 것입니다.

알아차리기를 통해 부정적인 감정을 내려놓지 않고, 그것들을 가슴에 계속 쌓아가기만 한다면 어떻게 될까요? 특히 어떤 사람에 대한 분노의 감정을 계속 쌓아간다면 틀림없이 본인의 몸에 이상이 오게 될 것입니다. 이미 우리는 말의 힘을 통해서 밥에게 부정적인 생각이나 말을 계속 들려주면 밥이 썩는다는 것을 잘 알고 있습니다. 그리고 그런 말의 힘은 물에게도 작동한다는 것을 잘 알고 있습니다. '물은 답을 알고 있다.' 라는 책과 동영상에 나온 것처럼 물에게 '고맙습니다, 사랑합니다.'와 같은 긍정적인 말을 해 주면 물의 결정체가 육각형의 아름다운 모습을 띠게 됩니다. 반면에 물에게 '미워, 죽일 거야, 넌 안돼.'와 같은 부정적인 말을 해 주면 물의 결정체의 모습은 보기에도 흉측한 모습을 띠게 됩니다.

그렇다면 부정적인 말, 생각, 감정이 우리 몸에 어떤 영향을 미치게 될 지는 분명합니다. 우리 몸의 3분의 2 이상은 물로 구성되어 있습니다. 따라서 우리가 부정적인 생각이나 감정을 계속 쌓아 가면 물로 구성되어 있는 우리 몸이 거기에 반응해서 결국 우리 몸을 망치게 되는 것입니다. 북한이탈주민들은 북한에 살면서 겪었던 억압, 굶주림, 차별, 게다가 탈북과정에서 겪었던 생사를 넘나드는 온갖 고통, 남한 정착과정에서의 힘든 경험 등으로 인해 부정적인 감정들이 몸에 많이 쌓이게 된 것 같습니다.

그런 온갖 고통과 그로 인한 분노를 용서하고 내려놓는 것이 바람직합니다.

누구를 위해서요?

바로 이 세상에서 가장 소중한 나를 위해서 용서하는 것입니다. 내가 살기 위해서 용서하는 것입니다. 즉, 알아차리고 내려놓는 겁니다.

감정을 알아차리고 바라보면 살며시 줄어들게 됩니다.

알아차리기에 어느 정도 내공이 쌓이면 화가 나는 순간에도 자신의 호흡과 몸의 느낌을 읽을 수 있게 됩니다. 그러니까 화를 내면서도 판단력이 흐려지지 않고 점차 화에서 자유로워질 수 있다는 겁니다. 자꾸 연습하다 보면 화를 비롯한 다른 감정들을 바라보는 것도 가능해집니다. 이렇게 화를 비롯한 감정들을 알아차린다고 해서 감정을 못 느끼는 것은 아닙니다. 감정은 감정대로 잘 느끼지만 그 감정에 빠져서 끌려 다니지 않게 된다는 의미입니다.

감정 알아차리기는 "명상심리치료"책에 자세하게 설명되어 있으며, 코칭 수업시간에는 이렇게 진행합니다.

눈을 감고 최근에 힘들었던 상황을 떠 올립니다. 그리고 그 상황에서 가장 힘든 장면을 사진으로 만들어서 떠 올립니다. 그 사진을 떠 올리면 어떤 감정이 일어날 겁니다.

분노, 짜증, 답답한, 불안함 등 감정이 일어날 때 어떤 감정인지 이름을 붙이고 그 강도가 10점 만점에 몇 점 정도인지 스스로 평가를 해 봅니다. 그리고 그런 감정이 일어날 때 몸에서 어떤 느낌이 일어나는지 알아차립니다. 그리고 꼬집기 훈련에서 한 것처럼 몸의 느낌을 알아차리고 지켜봅니다. 이때, 한 손을 아랫배에 대고 호흡을 하면서 몸의 느낌을 지켜봅니다. 약 1분 단위로 두세 번 반복해서 몸의 느낌을 알아차리고 지켜보면 몸의 느낌이 점차 약해지면서 지나가는 것을 알 수 있습니다.

이번에는 동일하게 눈을 감고 그 사진을 다시 떠 올립니다. 그 사진을 다시 떠 올리면 어떤 감정이 일어나는지 봅니다. 그리고 그 감정은 어떤 생각에서 왔는지 그 생각을 봅니다. 역시 마찬가지로 배에 손을 대고 호흡을 하면서 그 생각을 일으킨 사진 안에 있는 단서를 지켜봅니다. 약 1분 단위로 두세 번 반복해서 생각을 일으킨 사진 안의 단서를 지켜보면 성찰이 일어나면서 부정적인 감정이 점차 약해지면서 지나가는 것을 알 수 있습니다.

이런 과정을 마친 후에 처음 느꼈던 감정의 강도가 10점 만점에 몇 점인지 다시 평가를 해 봅니다. 그리고 나서 감정의 강도가 알아차리기 전후로 어떻게 변했는지 비교해 봅니다. 대부분의 경우 점수가 상당히 변했다고 반응을 합니다. 한 번으로 변화가 별로 없다면 반복해서 다시 해 볼 수 있습니다. 여러 번 반복해 보면 대부분 감정의 강도는 상당히 많이 줄어들게 됨을 알 수 있습니다.

감정을 알아차리고 바라보는 훈련에서도 중요한 것은 역시 호흡을 잘 활용하는 것입니다. 그렇다면 호흡이 실제로 어떤 역할을 하는 걸까요?

알아차리기에 있어서 호흡의 역할은 베이스캠프에 많이 비유됩니다. 험난한 히말라야 산맥에 있는 산들을 등반할 때는 반드시 베이스캠프를 설치합니다. 등반 과정 중에 날씨가 나빠지거나 사고가 생기면 베이스캠프로 돌아와서 몸을 추스르고 나서 다시 도전하는 것입니다. 감정 알아차리기도 동일합니다. 감정을 알아차리다가 감정이 갑자기 격해질 수도 있고 자기도 모르게 감정이 오히려 더 커져서 감정에 끌려갈 수도 있게 됩니다. 등반에 비유한다면 험한 날씨에 사고가 날 수도 있게 되는 것입니다.

그래서 호흡이 필요한 것입니다. 호흡은 베이스캠프의 역할을 합니다. 호흡 알아차리기를 하면서 감정을 지켜보면 대부분 감정에 휩쓸려가지 않게 됩니다. 호흡이 안전판 역할을 해 주기 때문입니다. 그래서 호흡 알아차리기는 정말로 중요한 역할을 해 줍니다. 호흡의 역할은 배가 정박할 때 닻에 비유하기도 합니다. 항구에 정박하기 위해서는 닻이 필요하고 닻이 없으면 배가 파도에 떠내려가 멀리 바다로 혼자서 떠내려갈 수 있기 때문입니다.

이렇게 호흡을 알아차리면서 감정을 지켜보면 대개 잠시 후 감정의 강도가 줄어들면서 감정이 살며시 줄어들게 되는 것을 느낄 수 있게 됩니다.

감정 알아차리기를 연습하는 과정에서 정말 가슴 찡하는 사례가 있었습니다.

단체로 감정을 알아차리는 연습을 할 때였습니다. 힘든 상황을 떠 올리고 그 때 같이 오는 감정을 알아차리고 지켜보면서 그 감정이 서서히 줄어드는 것을 같이 체험하는 과정이었습니다. 단체로 눈을 감고 힘들었던 상황을 떠 올리는 데 어떤 사람이 눈을 감지 않았습니다. 수업이 끝나고 물어보니 눈을 감으면 너무 힘들어서 눈을 감을 수 없다고 했습니다. 힘들어서 눈을 감지 못하는 사람은 그 때 처음 접해봤습니다.

얼마나 힘든 경험이었으면 눈을 감지 못할까 생각해보니 정말로 측은한 생각이 들었습니다. 북한이탈주민들의 정신적인 고통은 이 정도로 컸습니다.

그래서 그 사람은 눈을 뜨고 알아차리기를 하도록 했습니다.

그리고 몇 달이 지났습니다. 그 사람은 계속 눈을 감지 못했습니다. 그런데 우연한 기회에 코칭 수업을 받는 사람들 앞에서 코칭 시연을 할 기회가 있었습니다. 지원자가 있으면 나와서 고객이 되어 달라고 요청했는데 정말로 예상 밖에 그 사람이 스스로 나왔습니다.

순간 각오를 했습니다. 단시간 내에 가장 효과적으로 고통을 직면할 수 있는 방법을 쓰기로 했습니다. 바로 제일 힘들었던 상황을 떠 올리게 하고 그 중에서도 가장 힘들었던 장면을 사진으로 만들어서 떠 올리는 방법이었습니다. 물론 당연히 예상했지만 눈물바다가 되었습니다. 중간에 화장실을 다녀오느라 몇 번이나 중단되었지만 인내심을 가지고 가장 힘들었던 사진을 계속 떠 올려서 알아차리면서 지켜보도록 요청했습니다. 물론 호흡 알아차리기를 하면서 보는 것이었습니다. 결국 눈물 범벅이 되면서 몇 번이나 반복해서 그 사진을 본 끝에 이런 말이 나왔습니다.

'결국 내 잘못이 아니었어요.'

순간 지켜보는 우리 모두가 박수를 쳤습니다.

자신의 고통스럽고 힘든 과거를 직면하는 것은 어려운 일입니다. 그럼에도 불구하고 포기하지 않고 직면했을 뿐만 아니라 결국 스스로를 용서했기에 정말 감동적이었습니다.

　그는 자신을 용서하고 그 힘든 과거의 굴레로부터 스스로 벗어날 수 있게 되었습니다. 물론 이제는 편하게 눈도 감고 알아차리기를 할 수 있게 되었습니다.

사례:
이제는 감정을 조절할 수 있게 됐어요.

코칭 수업을 받는 사람들 중에 리더 격인 사람이 있었습니다. 탈북한 지도 오래되었고 남한사회에 아주 잘 적응한 사람이었습니다. 안정적인 일자리도 있고 남한남자와 결혼해서 애도 낳고 행복하게 살고 있었습니다. 목소리도 크지 않고 성격도 차분해서 다른 사람들의 모범이 되는 사람이었습니다. 그런데 하루는 이 사람이 너무흥분해서 나타났습니다.

"정말 이해할 수 없어요, 정말 화가 나요"

평소에 못 보던 모습이어서 다소 궁금한 마음이 생겼지만 다른 사람들의 이목이 있어서 자세한 내용은 물어보지 않고 감정을 추스르고 수업을 받을 수 있도록 도와주고 싶었습니다.

"자 눈을 감고 그렇게 흥분하게 된 상황을 떠 올려 보세요. 그리고 그 상황에서 나를 가장 힘들게 했던 장면을 사진으로 만들어서 떠 올려 보세요."

그 사람은 제 말에 순순히 따랐습니다.

"그 장면을 보니 느낌이 어때요?"

"정말 화가 나요"

"화가 나면 몸에서 어떤 반응이 일어나요"

"머리에서 열이 나요"

"그러시군요. 머리에서 열이 나는 느낌이 10점 만점이라고 하면 현재 몇 점이에요?"

"10점이요"

"그러시군요. 자 그럼 머리에서 열이 나는 느낌에 머물러서 있는 그대로 지켜보세요. 호흡을 하면서 숨을 들이마실 때의 머리의 느낌과 숨을 내쉴 때 느낌이 어떻게 다른지 비교하면서 계속 느낌을 지켜보세요."

1분 뒤 심호흡을 하고 나서 머리에서 열이 나는 느낌이 몇 점 정도냐고 물어보니 5점 정도로 줄었다고 대답했다.

이번에는 화가 난 그 장면을 그대로 지켜보자고 했습니다. 역시 마찬가지로 배로 호흡을 하면서 화가 나게 된 그 장면을 피하지 말고 판단하지 말고 그대로 지켜봐

난 행복하면 안 돼요 |

달라고 요청했습니다. 역시 호흡을 하면서 지켜보는 것이었습니다.

1분 뒤 심호흡을 하고 나서 화가 난 감정이 10점 만점에 몇 점 정도냐고 물었더니 3 점 정도라고 대답했습니다. 잠시 쉬고 한 번 더 동일한 연습을 하게 했습니다. 그리고 나서 동일한 장면을 떠 올리니 어떤 감정이 일어나는지를 물어보았습니다. 그랬더니 감정이 일어나지 않는다고 했습니다. 그 사람은 그 상황에서 감정을 다 조절하게 된 것이었습니다.

그 사람은 잠시 후 진정하고 여느 때처럼 수업에 잘 참여했습니다. 그리고는 이렇게 말했습니다.

'이제는 감정을 조절할 수 있게 됐어요.'

네 번째 만남:

오랫동안 보고 싶었던 가족들과
다시 살아가는 게 너무 힘들어요.

북한이탈주민이 탈북을 하여 중국, 캄보디아, 라오스, 태국, 몽골 등 몇 나라를 거쳐 이곳 대한민국까지 온다는 것은 정말 기적에 가까운 일입니다. 그리고 두만강을 넘는 것 자체가 불법이다 보니 도강은 여간 어려운 일이 아닙니다. 그러다 보니 사랑하는 가족을 떠나 혼자 오는 경우가 많습니다. 90년대 중반 '고난의 행군' 시절에는 대부분 여성들이 가족을 살리기 위해 중국에 가서 먹을 것을 가지고 다시 북한으로 돌아갈 생각으로 떠났기에 아주 어린아이부터 나이 드신 부모님까지 북한에 두고 떠났습니다. 물론 운 좋게 가족이 같이 온 사람들도 있지만 대부분은 가족을 먹여 살리고자 혼자 떠난 사람들이었습니다.

이들은 남한에 정착해서 정말 열심히 돈을 모아서 그 돈으로 북에 있는 가족을 데리고 오는 경우가 많습니다. 꿈에도 그리던 가족들과 다시 살 수 있게 되었지만, 그 긴 세월 동안 떨어져 살다가 다시 만나서 같이 가족으로 살게 되는 것은 결코 쉬운 일이 아닙니다. 특히 어린아이를 두고 온 엄마는 그 아이가 청소년이 되어 만나게 되지만 아이의 마음에는 자기를 두고 떠난 엄마에 대한 분노와 배신감으로 가득 차있거나 어른들의 도움을 받지 못해 학령기를 공부도 못하고 그냥 지낸 경우도 많습니다. 또한 그 동안 이복형제들이 생기게 되는 경우도 있고, 복잡한 가족관계가 형성되게 되는 경우에는 그 과정에서 겪는 가족 간의 갈등은 정말 너무나도 힘든 일이었습니다. 이런 가족 간의 갈등을 잘 해결해 나가는 데도 코칭이 큰 도움이 됐다고 합니다.

다음은 코칭 프로그램을 들은 사람이 코칭을 통해서 가족과의 관계에 대해 깨닫게 된 것을 적은 글을 인용했습니다.

"강의를 들으면 들을수록 내 자신이 달라지는 모습이 보이고 마음이 평온함을 찾게 되었습니다. 우리는 살아가는 동안 많은 문제를 겪으면서 때론 좌절하고 때론 이를 극복하고자 노력하고 있습니다. 이러한 문제들을 해결하는 데는 여러 가지 방법이 있지만 그 중 근본해결책은 인간관계가 아닌가 싶습니다. 그런데 이러한 인간관계 중 당연한 것으로 받아들이는 관계 즉, 쉬우면서도 어려운 것이 부모와 자식관계인 것 같습니다. 부모자식 간에 이해와 양해를 바탕으로 정말 서로의 마음과 마음이 원하는 것이 무엇인지 알고, 무엇이 싫고 좋은지를 대화로 풀어가는 집이 얼마나 될까요? 특히 한국의 부모와 자녀간은 유교적인 관습과 젊은 세대의 사고에서 오는 세대적 마찰이 교육문제와 맞물려 더욱더 어렵게 느껴집니다.

나는 그 동안 나름대로 아이와 대화도 잘 하고 아이의 생각을 알고 있으며 잘하고 있다고 생각했었습니다. 하지만 코칭 강의를 통하여 먼저 부모의 생각과 행동이 바뀌어야 한다는 그 말이 왜 이렇게 나에게 다가오는지, 아이와 눈을 맞추고 아이의 이야기를 하루 중 얼마나 경청하였는지, 일방적인 지시나 강요가 아닌 진정한 대화를 얼마나 하였는지, 아이에게 질책이 아닌 칭찬을 얼마나 하였는지, 가슴으로 아이와의 스킨십을 얼마나 하였는지 생각해보니 얼굴이 붉어지며 이건 아니었구나 하는 반성이 되기 시작했습니다.

시작이 반이라는 말처럼 조금씩 조금씩 아이와 함께 해결해 나갈 수 있지 않을까 하는 희망을 갖게 되었습니다. 매일 아이를 가슴으로 안아주고 아이와 눈을 맞추며 이야기를 들어주고 아이들이 원하는 것을 조금씩 이해하고 받아들이며 또한 나의 생각과 희망을 대화를 통하여 풀어 가다보면 어느새 나와 아이들이 진정한 부모와 자식관계를 이루고 있을 거라는 희망을 가져 봅니다."

그럼 이제부터 코칭을 통해서 어떻게 가족과의 관계를 향상시킬 수 있는지 알아보겠습니다.

사랑의 마음으로 눈을 마주쳐 보세요

코칭 수업 중에 가장 쑥스러워하는 반응을 보이는 연습이 바로 '눈 마주치기'입니다. 문화적인 영향 때문인지 우리는 사람들과 눈을 마주치는 것을 꺼리는 경향이 있습니다. 심지어 사람을 만나는 것이 직업인 영업사원들도 눈을 마주보지 말고 미간이나 인중을 보라고 배운다고 합니다.

특히 북한에서는 욕구불만과 정치적 억압 사이에서 실제 감정을 숨기고 정치적으로 요구되는 허위감정을 표면으로 나타내는 것에 익숙하다고 합니다. 북한주민들에게는 실제 감정과 조작된 감정을 구분해야 한다고 합니다. 실제 감정은 순수하지만 겉으로 드러내는 감정에는 조작된 감정이 많다는 것입니다. 공식 석상에서 하는 일, 사석에서 하는 일이 완전 별개일 때가 많다고 합니다.

이와 관련하여 재미있는 사례가 있었습니다.

코칭 수업 시간에 자신의 가능성이나 잠재력에 대해 돌아가면서 발표를 하는 자리에서 대부분이 자신은 가능성이 많고 잠재력도 무한하게 느낀다고 발표했습니다. 특히 두 명은 10점 만점에 10점이라고 발표했습니다. 즉, 자신감이 늘 충만하다고 느끼는 것이었습니다. 곧 이어서 사람들 간의 대화 유형을 읽고 발표하는 시간이 있었습니다. 아주 간단한 거였습니다. 바람직하지 못한 대화 사례와 바람직한 대화사례를 읽고 각 조의 느낀 점을 발표하는 것이었습니다. 그런데 조금 전에 자신의 가능성과 잠재력에 대해 10점 만점에 10점이라고 발표한 두 사람이 자기 조의 의견을 취합해서 발표하는 역할을 서로 하지 않겠다고 미루는 상황이 발생했습니다. 이것을 보면서 역시 북한이탈주민들이 북한에서의 오랜 습관 때문에 자신의 견해나 느낀 점을 공식적으로 발표할 때는 약간 과장하는 경향이 있다는 것을 느꼈습니다. 그것은 정치적인 억압상태에서 장기간 노출되어 있다 보니 자신도 모르게 그렇게 된 것일 수 있습니다.

그렇다 보니 북한이탈주민들은 마음을 열고 상대방을 신뢰하고 눈을 마주치는 것이 더 불편할 지도 모릅니다.

그렇지만 눈을 마주칠 때 어떤 생각을 하면서 눈을 마주치느냐에 따라 결과는 상당히 달라질 수 있습니다.

예를 들어 말 못하는 어린 아기들은 비록 말은 못하지만 사랑의 눈길을 금방 알아차립니다. 애완동물들도 마찬가지입니다. 말은 못해도 자기를 좋아하는지 아니면 위협하는지는 금방 알아차립니다. 반면에 가끔씩 신문에서 청소년들이 싸움을 한 기사가 나는 경우가 있는 데 싸운 원인을 물어보면

"우연히 눈이 마주쳤는데 기분 나빠서 싸웠어요." 라고 답하는 경우를 볼 수 있습니다. 아마 그 청소년들은 상대방을 무시하거나 인정하지 않는 마음을 가지고 눈을 마주쳤을 것입니다. 또한 우리는 종종 사회적으로 아주 높은 사람, 힘이 있는 자리에 있는 사람과 만나서 눈을 마주칠 때 위축되거나 긴장하거나 혹은 불안해합니다. 그 이유는 자기도 모르게 이런 생각을 했기 때문일 겁니다.

'어떻게 하면 이 사람에게 잘 보일 수 있을까?' 혹은

'어떻게 하면 이 사람 덕을 볼 수 있을까?'

이런 생각들을 하게 되면 자신도 모르게 위축되고 긴장이 되게 마련입니다.

그래서 코칭 수업시간 중에 상대방과 눈을 마주치되 이런 생각을 하면서 눈을 마주치도록 연습을 합니다.

'어떻게 하면 내 앞에 있는 사람을 도와줄 수 있을까?' 혹은

'어떻게 하면 내 앞에 있는 사람을 행복하게 해 줄 수 있을까?'

그리고 이런 생각이 눈을 통하여 상대방에게 전달될 수 있도록 해 보라고 연습을 합니다. 수업에 참여한 사람들이 모두 두 줄로 서서 한 사람씩 돌아가며 서로 눈을 마주 봅니다. 처음에는 쑥스러워서 눈을 피하기도 하고 웃기도 하고 말을 하기도 하지만 몇 번 돌아가다 보면 말없이 조용히 편하게 눈을 마주치게 됩니다.

그렇습니다. 우리가 어떤 생각을 가지고 눈을 마주치느냐에 따라 우리의 행동은 달라질 수 있습니다. 나와 눈을 마주친 사람이 '어떻게 하면 도와줄 수 있을까?' 라는 생각을 하고 있다면 아마 금방 그 느낌을 느낄 수 있을 것입니다.

이러한 눈 마주치기는 북한이탈주민 뿐만 아니라 우리 모두에게 가족관계를 잘 유지하는 데에 도움을 많이 주는 첫 번째 방법입니다.

 뭘 원하는지 물어봐 주세요.

'아이들의 마음을 읽을 수 있다면 얼마나 좋을까? 그러면 우리 아이들을 정말로 잘 키울 수 있을 텐데...'

누구나 이런 생각을 한 경험이 있을 것입니다. 북한이탈주민 부모들도 부모로서의 마음은 남한 사람들과 똑같습니다.

그렇지만 잘 생각해 보면 사람의 마음을 읽는다는 것이 얼마나 어려운가요?

다른 사람은 제쳐 놓고 나 자신의 마음도 제대로 모를 때가 너무 많습니다.

그래서 '내 마음, 나도 몰라' 라는 말이 있지 않은가요?

내 마음을 나도 모르는 데 다른 사람의 마음을 읽는다는 것은 정말 어려운 것 같습니다. 그래서 상대방의 마음을 읽기 어려울 때 우리는 뭘 원하는지 물어보지 않고 짐작을 하는 경우가 많습니다. 그리고 나서 나름 성의를 가지고 짐작을 해서 뭔가를 했는데 상대방이 받아주지 않으면 서운해 합니다. 이런 경우에는 짐작하지 말고 직접 물어보아야 합니다. 이것이 좋은 관계를 유지하는 두 번째 방법입니다.

질문을 하면 답이 나옵니다. 아주 평범한 이 사실을 아는 데도 불구하고 질문이 잘 되지 않습니다. 그건 우리가 질문보다는 자기 생각을 앞세우는 데 너무 익숙해져 있기 때문일 것입니다.

질문을 신경과학적으로 연구한 미국의 제프리 쉬워츠 박사와 리더십 코치인 데이비드 락은 다음과 같이 말합니다.

"질문을 받으면 우리는 고민을 하면서 변화가 필요하며, 또 변화가 이루어질 수 있다는 결론을 얻는다. 이런 결론은 마치 섬광처럼 순식간에 이루어진다. 이것이 바로 깨달음, 즉 통찰의 순간이다. 반면, 바뀌어야 한다고 명령을 받으면 그 명령이 아무리 논리적일지라도 뇌가 거부 반응을 일으킨다."

왜 현명한 사람들이 질문을 이용한 문답법으로 대화를 하는지 절로 고개가 끄덕여집니다. 질문을 받을 때만이 성찰과 깨달음으로 이어질 수 있기 때문입니다. 스스로 하려던 일도 다른 사람이 시키면 흥미가 반감되는 경험을 다들 해보았을 겁니다.

　부모가 지시보다는 질문을 통해 자녀를 설득하는 아래와 같은 대화법은 우리도 쉽게 적용할 수 있을 겁니다.

　딸아이인 영미와 귀가 시간이 너무 늦어서 걱정하는 엄마와의 대화입니다.

영미: 다녀왔습니다.

엄마: 영미야, 지금 몇 신데 이렇게 늦게 들어오니?

영미: 죄송해요.

엄마: 늦게 다니면 위험한 일이 생길 수 있으니, 앞으로는 일찍 귀가해라.

영미: 엄마, 이제 저도 제가 알아서 할 나이니까 제가 알아서 할게요.

엄마: (아니, 이 녀석이) 뭐라고?

　이 대화에서 엄마가 질문을 활용한다면 어떻게 될까요?

영미: 다녀왔습니다.

엄마: 영미야, 늦었구나.

영미: 예, 일이 있어서 늦었어요.

엄마: 그렇구나. 그래도 이렇게 늦게까지 밖에서 돌아다니면 어떤 일이 생길 수 있을까?

영미: 아무래도 위험한 일이 생길 수 있겠죠.

엄마: 그래, 엄마는 밤늦게 귀가하다 위험한 일이 생길까 걱정이 된단다. 앞으로 조금만 더 일찍 귀가해줄 수 있지?

영미: 네. 노력해 볼게요.

이렇듯 질문은 답을 찾는 데, 그리고 상대방을 설득하는데 효과적입니다. 그런데 가족들과의 대화에서 질문을 할 때는 구체적으로 하는 것이 좋습니다. 너무나 큰 범위의 막연한 질문을 받게 되면 대답하는 사람은 대충 두루뭉술하게 대답할 수밖에 없습니다. 초등학생인 상호와 엄마의 대화를 보죠.

엄마: 상호야, 요즘 학교에서는 어떻게 지내니?

상호: 잘 지내요.

엄마: 특별히 문제는 없고?

상호: 예.

엄마의 질문은 너무 광범위하고 애매합니다. 엄마와 상호의 대화는 겉돌 수밖에 없습니다. 이럴 때는 보다 구체적으로 질문을 하는 것이 바람직합니다.

엄마: 요즘 학교에서 배우는 것 중에서 뭐가 제일 재미
있니?

상호: 과학이 재미있어요.

엄마: 과학 과목 중에 뭐가 제일 좋은데?

상호: 저는 식물에 대해 공부하는 게 재미있어요?

엄마: 그렇구나. 우리 상호는 식물에 대해 관심이 많
구나.

상호: 예.

엄마: 그럼 학교에서 제일 힘든 게 뭐지?

상호: 수학 과목이 조금 힘들어요. (이어서 대화가 계
속된다.)

이렇듯 질문을 적절하게 활용하면 상대방과의 대화가
좀 더 쉬어질 수 있습니다.

그리고 질문을 할 때, 특히 가족들과 대화에서 많이
써야 할 질문 한 가지를 소개하고자 합니다.

"네 생각은 어때?"

그 대답이 좋다, 싫다, 동의한다, 반대한다. 등 어떤
대답이던지 괜찮습니다. 일단 상대방의 의견을 묻고 그
에 대해 대답할 기회를 주고 들어준다면 그 대화는 아주
잘 된 대화라고 할 수 있습니다.

난 행복하면 안 돼요 |

내가 먼저 변하니까 상대방도
변하더라고요.

북한이탈주민들 중에서 오랫동안 떨어져 있다가 다시 만난 가족들이 종종 있습니다. 물론 여러 가지 피치 못할 사정 때문에 그런 일이 발생한 것입니다. 그런 경우 사랑하는 가족과 다시 만나서 어서 빨리 좋은 관계를 맺고 싶은 마음은 누구나 있을 겁니다. 그렇지만 현실은 그렇게 녹녹치 않습니다. 특히나, 아이들과 헤어졌다가 다시 만난 경우에 그 아이가 심한 고통을 겪은 아픔이 있었거나 또는 부모로부터 보호받지 못하고 버림받았다는 상처를 마음에 간직하고 있는 경우에는 아이와 잘 지내려고 해도 쉽지 않은 경우가 많습니다. 이런 경우 부모의 마음은 정말 아픕니다. 고생고생해서 데려 온 아이인데 막상 만나보니 또 다른 고통이 기다리고 있는 것입니다. 그럴수록 잘 해 주려고 성급하게 다가가고 남한 사회에 더 빨리 적응시키려고 애를 쓰다 보니 아이는 오히려 저항하고 마음을 쉽게 열지 않습니다. 이런 경우 여유를 가지고 기다릴 필요가 있습니다.

그리고, 가끔 이런 생각을 해 볼 필요가 있습니다.

'내가 너무 서두르는 것이 아닐까? 내가 너무 욕심내는 것이 아닐까?'

혹시 이런 생각에 공감이 된다면 내 자신이 먼저 변할 필요가 있습니다.

코칭 수업 중에 '상대방과 입장 바꿔보기' 연습을 한 적이 있습니다. 우리가 흔히 역지사지라고 하는 것입니다. 그런데 코칭에서 연습하는 것은 일반적인 역지사지와는 조금 다릅니다. 위치를 실제로 바꾸는 것입니다. 그냥 혼자서 생각으로만 역지사지를 하는 경우 잘 되지 않는 경우가 있습니다. 그래서 실제로 상대방의 위치로 이동해서 그 위치에서 상대방이 됐다고 상상하고 나에게 얘기하는 것입니다. 상대방의 위치는 내 앞에 빈 의자를 준비해서 거기에 앉아도 좋고, 서서 한 발 앞으로 이동해서 상대편이라고 생각해도 좋습니다. 어떤 위치든지 나와 상대방의 위치를 번갈아 가면서 나와 상대방의 입장에서 속으로 혼자 대화하는 것입니다. 중요한 것은 물리적으로 실제 위치를 이동하는 것입니다.

대화의 주제는 최근에 힘들었던 일을 떠 올려서 그것을 주제로 나와 상대방의 위치를 번갈아 가면서 눈을 감고 속으로 대화하는 것입니다. 이 때 나의 입장에서 얘기할 때는 상대방이 바로 앞에 있다고 상상하면서 말하는 것이고, 상대방의 입장에서는 상대방이 되었다고 상상하고 앞에 있는 나에게 이야기 하는 것입니다. 힘들었던 일이 어느 정도 정리될 때까지 계속 나와 상대방의 위치를 번갈아 이동하면서 대화합니다. 이렇게 공간적인 위치를 변화시키면서 역지사지를 하게 되면 상대방의 입장이 훨씬 더 잘 이해됩니다.

둘 사이의 대화가 끝나면 이제는 나와 상대방의 대화를 동시에 들을 수 있는 위치에 있는 제 3자의 위치로 이동합니다. 제 3자의 위치는 다른 의자로 준비해도 좋고, 서서 약간 이동해서 둘의 대화를 지켜볼 수 있는 위치로 이동해도 좋습니다. 제3자는 나와 상대방의 대화를 처음부터 끝까지 경청한 사람입니다. 이 사람의 입장이 됐다고 상상하고 나와 상대방이 바로 앞에 있다고 상상하면서 제3자의 견해를 두 사람에게 이야기해줍니다.

이것은 아주 간단한 방법이지만 제3자의 관점으로 이동해서 내 생각이나 감정을 보게 해줍니다. 이렇게 하면

보다 쉽게 객관적인 의견을 제시할 수 있고, 어느 순간 내 생각을 변화시키면서 내가 먼저 변할 수 있는 계기를 마련해 줄 수 있습니다.

여기 많이 들었던 격언들이 있습니다.

'내가 대접받기 원하는 대로 다른 사람을 대접하라.'
'내가 원하지 않는 것을 다른 사람에게 시키지 마라'
'세상 모든 일은 마음먹기에 달렸다'

다른 사람을 변화시키는 것은 정말로 어려운 것입니다. 그래서 내가 당장 할 수 있는 것은 나 스스로 변하는 것입니다. 그런데 놀라운 사실은 내가 변하면 상대방이 변하게 된다는 것입니다.

집에 돌아와도 인사를 잘 하지 않는 아이들에게 흔히 하는 말은 다음과 같습니다.

"아빠(엄마)가 집에 왔는데 왜 인사를 안 하니?" 혹은 "아빠(엄마)가 집에 오면 인사를 해야 한다" 와 같이 가르칩니다.

어린이라면 모를까 다 큰 자녀들에게는 별로 효과가 없을 것입니다.

이런 경우는 부모가 먼저 인사를 하는 것입니다.

집에 오면

"아빠(엄마) 왔다"

자녀가 집을 나가면

"잘 다녀와라" 라고 먼저 인사를 하는 것입니다.

그러면 자녀들은 저절로 따라 하게 됩니다.

천천히 여유를 가지고 기다려 보세요. 그러면서 내가
먼저 변해 보세요.

사례:
내가 먼저 노력하면서 기다려야겠죠.

코칭 수업을 받는 사람들 중에 정말 어렵게 북한에서 자녀를 데리고 온 B씨가 있었습니다. B씨는 탈북할 때 어쩔 수 없는 사정으로 자녀를 데리고 오지 못했습니다. 그래서 남한으로 온 뒤 하루도 편히 쉬지 않고 사랑하는 자녀를 남한으로 탈북시키기 위해 정말 악착스럽게 돈을 모았습니다. 그리고 마침내는 그 돈으로 정말 어렵게 자녀를 남한으로 데리고 오는 데 성공했습니다. 정말 보고 싶었던 자녀를 데리고 오니 더 잘해 주고 싶고, 남한 사회에 빨리 적응시켜 훌륭한 사람으로 키우고 싶은 욕심이 앞섰습니다. 그래서 매사에 더 많이 관여하고 더 빨리 서둘렀지만 아이는 엄마를 따라주지 않았습니다. 아이는 엄마에게 말도 잘 하지 않고 아주 소극적인 아이

난 행복하면 안 돼요 |

가 되어 있었습니다. B씨는 너무 속이 상했습니다.

'도대체 내가 어떻게 해서 북한에서 데리고 온 아이인데 왜 이렇게 엄마 마음을 몰라주지!'

하루에도 몇 번씩 화를 내고 소리 지르고 싶은 충동이 있어도 참았습니다. 그러던 중 결국은 화가 폭발해서 급기야는 아이에게 손찌검까지 하게 되었습니다.

B씨는 코칭 수업을 받다가 자신에게 문제가 있음을 깨달았습니다. 아이가 그 동안 북한에서 받은 상처, 엄마에게 버림받았다는 생각 때문에 마음의 문을 닫고 있다는 것을 알게 되었습니다. 그리고 이런 깊은 상처를 치유하는 데는 시간이 걸린다는 것도 깨닫게 되었습니다. 그러면서 B씨는 체념하지 않고 스스로 더 좋은 엄마가 되기 위해 노력 중입니다.

그런 과정에서 놀라운 것은 자신이 스스로 변하고 있다는 것을 깨닫게 된 것입니다. 여유를 가지고 아이의 태도를 받아드리려고 노력하다 보니 아이의 태도가 그렇게 힘들게 느껴지지 않게 된 것입니다.

"엄마가 얼마나 사랑하는지 언젠가는 알게 될 거에요, 이제는 아이와 같이 지내는 것이 그렇게 힘들지 않아요."

B씨는 훨씬 더 여유를 가지게 되었습니다.

다음은 코칭 수업을 받고 난 뒤 소감을 적은 수기 중에서 인용한 또 다른 사례입니다.

코칭 교육을 받으면서 저는 많은 것을 느꼈고 또 스스로 자신의 변화된 모습을 보았습니다. 과거에는 한국에 오기만하면, 오기만하면 하고 많은 것을 꿈꾸었습니다. 그러나 한국에서 부닥친 현실은 그렇게 아름다운 것만이 아니었습니다. 새로운 환경과 문화적 차이, 낯선 외래어와 어딜 가도 차이 나는 함경도 사투리, 저도 모르게 느껴지는 두려움과 열등감, 자격지심 같은 것들이 두 어깨 위로 저를 짓누르고 저는 시간이 지남에 따라 점점 삶이 버거워 졌습니다.

특히 탈북한 지 4년 만에 다시 만난 두 딸들과의 시간들이 행복하지만은 않았습니다. 꿈결에도 그리워하고 만나기만 하면 세상을 다 가진 듯이 행복하기만 할 것 같던 우리의 날들이 서먹해지고 부자연스러워지는 것이 무엇보다도 가슴 아팠습니다. 새로운 세상에 살면서도 어제 날의 생각과 사고 습관을 버리지 못하고 부대끼고 힘들어 하고 부모로서의 책임감과 의무감을 다하지 못하고 있는 것만 같아서 마음이 무거웠습니다.

그러한 날들이 흘러가던 어느 날, 저는 코칭교육을 받

게 되었습니다. 코칭교육에 참가하면서 세상을 새로운 눈으로 보게 되었습니다. 세상을 탓하지 않고 내가 변하면 세상이 변한다는 생각으로 나를 돌이켜 보았습니다. 오늘에 감사하고, 아이들의 있는 그대로의 모습을 이해하고 사랑하고, 좋은 사람들과 함께 좋은 세상에 살고 있는 것에 감사했습니다. 그러자 세상이 밝아지고 주위의 모든 사람들이 좋아졌고 날마다 감사할 일들이 쌓였습니다.

일주일에 한 번씩 있는 코칭을 배우는 날이 기다려지고 대한민국에 와서 처음으로 나라는 존재감에 대하여 생각하고 정리해보는 시간을 가지게 되었으며 내가 바라는 인간상이 무엇인지, 내가 진정으로 바라고 원하는 삶이 무엇인지, 하고 싶은 일은 무엇인지, 하나하나 생각해보는 시간을 가졌습니다.

정말로 세상에 나서 처음으로 내가 행복해야 세상이 밝아지고 가정이 행복해지며 내가 이 세상에서 제일 귀중하고 또한 이렇게 소중한 나를 아껴야 되겠다는 생각도 해보았습니다. 과거에는 나의 마음속에 몸속에 알게 모르게 베여있던 나를 희생해서라도 어떤 의무에 충실해야 한다는 생각에서 벗어나 나를 위하여 사는 순간들과 내가 해보고 싶은 일을 해야겠다는 생각이 들고 용기도 생겼습니다.

다섯 번째 만남:

사람들(남한 사람들, 다른 탈북자들)과 좋은 관계를 맺는 게 너무 어려워요.

북한이탈주민은 탈북하는 과정에서, 중국에서 머무르는 동안, 무사히 남한에 도착한 이후에도 남한에 정착하는 과정에서 때로는 속고, 때로는 배신당하고, 때로는 문화적인 차이 때문에 실망하고 더러는 절망하는 어려움을 겪게 되는 경우가 많습니다. 그러다 보니 정말 사람들을 믿고 같이 살 수 있을까 하는 걱정을 많이 하게 됩니다. 그래서 그런지 다른 사람들 말은 들으려 하지 않고 자기주장만을 앞세우게 되고 사람들과의 관계가 잘 풀리지 않게 되는 경우가 종종 있습니다. 혹은 반대로 본인에게 조금이라도 유리하다 싶으면 잘 살펴보지도 않고 무조건 믿는 경우가 많습니다.

　실제로 수업 중에 들어보면 그들은 사기를 참 많이 당합니다. 문화적인 차이도 있고 아직 순수한 면이 많이 남아있는 이유도 있겠지만, 또 다른 이유는 자기 입장에서만 쉽게 생각하는 경향이 있습니다. 예를 들어, 수익률이 높다고 하는 투자에는 너무 쉽게 투자해서 돈을 날리곤 합니다. 곰곰이 생각하면 그렇게 좋은 투자라면 사람들이 이미 다 차지해서 나에게까지 기회가 오지 않을 텐데 말입니다. 사실 남에게 속아 전 재산을 잃고 빚까지 진 사람들이 적지 않습니다. 결국 남에게 사기를 당하지 않으려면 '이것이 합당한가? 사리에, 이치에 맞는 것인가?'를 꼼꼼히 따져봐야 합니다. 너무나 당연한 얘기지만 좋은 조건일수록 반대로 위험이 많다는 것을 꼭 생각해야 합니다. 특히 북한이탈주민들이 많은 경우 같은 북한이탈주민들에게 사기를 당한다는 것이 더 안타깝습니다. 그것은 북한에 돈을 보내야 한다든가, 가족을 데리고 오는데 돈이 필요하다고 하면 동병상련의 마음으로 거의 모든 사람이 돈을 빌려주곤 하기 때문입니다. 참으로 안타까운 일들입니다.

빌려준 돈 혹은 투자한 돈을 날리고 나서는 이렇게 화를 냅니다.

'그 돈이 어떻게 번 돈인데... 생각하면 생각할수록 더 화가 난다.'

한편, 평소 자신이 도와줘서 그 사람이 자신에게 은혜를 입었다고 생각하는 사람에게는 너무 쉽게 부탁을 합니다. 그런데 그 사람이 부탁을 들어줄 형편이 안 돼서 부탁을 들어주지 않으면 또 쉽게 이렇게 화를 냅니다.

'내가 자기를 얼마나 도와줬는데 이런 부탁도 못 들어주나? 정말 괘씸하다.'

이렇게 되다 보니 사람들과 좋은 관계를 맺는 것이 힘들어지고 분란이 자주 발생하게 되는 것입니다.

자 이제 어떻게 하면 코칭을 통해서 사람들과 좋은 관계를 맺으면서 살아갈 수 있을지 함께 알아보겠습니다.

'그럴 수 있어요' 라고 공감해 주세요.

한 번은 코칭 수업 중에 이런 얘기를 들었습니다. 평소 잘 아는 북한이탈주민들끼리 심하게 싸워서 동네 창피해서 밖으로 나가지도 못하겠다는 것입니다. 왜 그렇게 싸웠냐고 물어봤더니 참으로 사소한 이유에서였습니다.

C씨는 탈북해서 남한에 정착한지 얼마 되지 않은 사람이었습니다. 남한에 정착하는 과정에서 D씨가 이런 저런 정보를 많이 줘서 도움을 많이 받았습니다. 그러다 보니 D씨와는 가깝게 지내게 되었습니다. 하루는 D씨가 C씨 집에 찾아 와서 자기가 다단계 상품을 구입했고 이것을 C씨에게 팔면 자기가 팀장이 된다고 하면서 사달라고 부탁을 했습니다. C씨는 웬만하면 사주려고 했는데 가격이 너무 비싸서 도저히 살 형편이 아니었습니다.

그래서 다음과 같이 말했습니다.

"너무 비싸서 못 사겠어요."

그러자 D씨는

"아니 내가 그 동안 도와준 게 얼마나 되는 데 이런 것도 못 사줘요?"

하면서 화를 내기 시작했다고 합니다. 듣고 보니 화가 나서 C씨도 같이 화내면서 목소리가 높아졌고 급기야는 서로 고성을 지르면서 싸우게 되었다는 겁니다.

이 이야기를 들으면서 코칭에서 중요하게 다루는 공감에 대해 설명해 주었습니다.

공감이란 기본적으로 상대방의 관점에서 세상을 보고, 다른 사람이 상황을 어떻게 생각하고 느끼는지를 이해하는 능력입니다. 단, 다른 사람의 생각이 자신의 생각과 얼마나 다른지는 중요하게 여기지 않는 것입니다. 공감과 동의는 다릅니다. 공감은 주의 깊게 듣는 사람으로서 다른 사람의 관점을 잘 이해하는 것입니다. 듣는다는 것은 다른 사람이 우리에게 전달하는 의견의 정확한 내용을 받아들이는 것입니다. 일단 그 내용을 다 이해했다면 동의, 반대를 포함해서 어떤 방법으로도 대응할 수 있습니다.

공감은 또한 상대방 주장에 승복하는 것과 다릅니다.

겉으로는 동의하고 인정하면서 속으로는 다른 생각을 하는 것도 아닙니다. 상대방의 생각이 맞는지 틀리는지를 판단하지 않고 있는 그대로 존중해주는 것입니다. 우리는 공감을 통해 상대방과 친밀한 신뢰 관계를 형성하면 상대방에게서 자신이 원하거나 필요로 하는 바를 잘 끌어낼 수 있습니다. 그러나 상대방을 오해하도록 만들거나 공격받았다는 느낌을 받게 하면 우리가 원하는 바를 얻을 수 없게 됩니다.

안타깝게도 공감이 가장 필요한 순간에 마음이 닫혀서 공감 능력을 발휘하지 못하는 경우가 적지 않습니다. 스트레스가 심하거나 오해를 받아서 짜증이 나거나 방어적이 될 때 공감 능력이 가장 많이 떨어집니다. 이런 상태에서는 생각이 그대로 말로 표현됩니다. 자기 생각을 주장하고 자기 행동을 변호하며 상대방의 입장을 공격하기 십상입니다. 그러면 상대방도 똑같은 방식으로 반응합니다. 결과적으로 감정싸움으로 이어져 모두에게 좋지 않은 결과가 나타납니다.

다음의 사례를 보면서 공감하는 방법을 생각해보죠.

고등학교 1학년인 수연이는 미장원에서 머리를 자르고 들어오면서 볼멘소리로 말합니다.

수연: 엄마, 머리가 엉망이야. 너무 짧게 잘랐어. 창피해서 학교에도 못 가겠어!

수연이의 불만에 대해 엄마들이 흔히 하는 반응은 다음과 같이 여러 가지일 것입니다.

-위로: 머리는 곧 자라니까 괜찮아. 혹은 괜찮은데~

-명령: 이왕에 자른 머리, 짜증 내지 마라.

-훈계: 그만한 일에 신경 쓸 때가 아니잖아. 너는 고등학생이야.

-해결: 다음번에는 다른 미장원에 가봐라

만약 여러분이 아이의 입장에서 위와 같은 말을 들었다면 어떤 반응을 보이겠습니까? 자녀가 뭔가에 어려움을 느낄 때, 이러한 말을 하면 자녀는 더욱 답답하고 괴로워서 감정이 상하게 되고 당연히 대화는 순조롭게 이어지지 못할 것입니다.

다음은 수연이를 이해하고 공감하는 입장에서 말할 때의 대화 내용입니다.

수연: 엄마, 머리를 너무 짧게 잘라서 엉망이야. 창피해서 학교에도 못 가겠어.

엄마: 저런! 머리가 맘에 들지 않아 속이 상했구나. 그런 모습을 다른 사람들에게 보이기도 싫을 테고.

수연: 응, 근데 내일 학교에 어떻게 가지?

엄마: 그래. 내일 학교 갈 일이 걱정이구나.

수연: (잠시 침묵 후) 가끔 길에서 초등학교 때 짝했던 남자애를 만나기도 하는데.

엄마: 저런! 그래서 신경이 더 쓰였구나. 그럼 어떡하지?

수연: (머뭇거리다) 할 수 없지 뭐. 며칠 동안 아침 일찍 학교에 가는 수밖에.

엄마가 딸의 문제를 공감하면서 들어주었더니 딸은 자신의 문제를 스스로 해결하게 되었습니다. 엄마는 딸을 보면서 흐뭇해할 것이고, 또 딸을 도울 수 있는 자신이 자랑스럽게 느껴졌을 것입니다. 그렇습니다. 공감의 힘은 이렇게 큽니다.

앞의 사례에서 C가 D에게 공감을 하면 대화가 어떻게 달라질까요?

C는 다음과 같이 말할 것입니다.

"제가 다단계 상품을 사주기를 원하시는 거죠?"

"예, 새로 시작한 일인데다가 아는 사람도 별로 없어서 꼭 사주셨으면 좋겠어요."

"그러셨군요, 다단계 판매하느라 얼마나 힘드세요? 저라도 하나 사 드려야 하는데... 사실 저도 최근 몇 달간은 빌린 돈 이자도 못 갚아서 쩔쩔 매고 있어요. 제가 입은 은혜를 생각하면 꼭 사 드려야 하는 데 저도 형편이 안 돼서 못 사드려서 너무 죄송해요"

"아니에요. 서로 형편이 비슷한 줄 알면서도 제가 기대를 한 게 잘못이죠. 뭐"

C가 D의 힘든 상황을 공감해 주고 나서 거절을 하니 D도 거기서 순순히 물러서게 될 겁니다. 거절할 때 거절하더라도, 반대할 때 반대하더라도 일단 상대방의 입장을 공감하는 게 어떨까요? 그러면 상황이 원만하게 해결될 가능성이 높아질 겁니다.

공감의 말이 그렇게 힘들지 않습니다.

판단하지 말고, 해결하려고 하지도 말고 그냥 상대방의 입장에서 상대방의 마음을 내 언어로 표현해 주면 됩니다. 내 언어로 표현하는 게 힘들면 상대방의 말을 반복해서 해도 좋습니다.

그리고 공감의 말과 덧붙여서 "얼마나 힘드시겠어요. 참 힘드시죠. 입장이 난처하시겠어요..."이런 말들을 평소에 계속 연습해서 입에 붙이면 대화가 좀 더 쉬워질 것입니다.

 열심히 경청해 주세요.

공감이 되면 이제 본격적으로 경청할 수 있는 준비가
된 것입니다. 경청이 어렵다고 하는 사람들이 많습니다.
북한이탈주민들과의 코칭 수업 중에서도 가장 연습을
많이 하는 것 중의 하나가 경청입니다.

경청이란 상대가 하는 말을 정확히 이해하는 방법입
니다. 경청은 상대의 이야기를 단순히 수동적으로 듣는
것이 아니라, 귀 기울여 듣는 적극적인 행위입니다.

한자로 들을 청(聽)을 재미있게 설명하는 이야기가 있
습니다. 聽을 耳王, 十目, 一心으로 분해해서 해석해본
것입니다. 그러니까 왕(의 말)을 듣는데 열 개의 눈으로
한마음으로 듣는다는 것입니다. 왕(의 말)을 들으니 얼
마나 열심히 듣겠습니까? 거기에다 열 개의 눈을 가지고

상대방을 살펴보니 얼마나 상대방의 입장을 잘 이해하겠습니까? 말하는 표정, 눈동자, 호흡 상태, 자세, 음성의 높낮이, 빠르기, 행간의 의중 등 열 개의 눈이라면 보이지 않는 게 없을 것입니다. 마지막으로 한마음으로 들으니 다른 생각이 없이 오로지 상대방의 마음 그대로를 들을 수 있을 것입니다. 여기에는 듣는 사람의 선입견, 오해, 자기주장 등이 담길 여지가 없습니다. 참으로 멋있는 해석이라 생각됩니다. 이렇게 들어주는 사람이 옆에 있다면 얼마나 행복할까요?

'시계'처럼 간단한 단어에 대해 생각해보죠. 시계라고 하면 어떤 이는 손목시계를 떠올릴 것입니다. 그리고 다른 이는 벽시계나 탁상시계를 떠올릴 수 있습니다. 그 밖에도 사람마다 뻐꾸기시계, 스마트폰에 있는 시계, 광고판에 있는 시계, 허리띠에 차는 시계 등 여러 종류의 시계를 떠올릴 수 있습니다. 하나의 단어를 두고 사람마다 다른 생각을 할 수 있는데, 이때 상대의 생각을 정확히 파악하지 못하면 서로 오해를 하기 쉽습니다.

시계처럼 간단한 단어도 이러니, 행복이나 건강, 재산, 사랑, 정의, 자유처럼 복잡한 개념들은 더 말할 나위가 없을 것입니다. 만약 서로를 오해하는 상황이 자주 벌어진다면, 듣는 사람과 말하는 사람이 한 단어에 대해 다른 뜻으로 받아들이고 있을 가능성이 높습니다. 이때는 어떤 사람은 맞고 어떤 사람은 틀린 것이 아닙니다. 각기 생각하는 게 다를 뿐입니다. 이 사실만 기억한다면 우리는 상대방의 말에 더 주의 깊게 귀 기울일 수 있고 경청할 수 있습니다.

경청을 해야 한다고 생각하면서도 경청이 잘 안 되는 이유는 무엇일까요?

대부분의 사람들은 익숙한 것, 듣고 싶은 것만 들으려고 합니다. 이런 경향을 뇌과학적으로 보면 시냅스라는 구조 때문이라고 해석합니다. 인간은 과거의 경험으로 생긴 고정관념(자기만의 지도)으로 대상을 받아들인다고 합니다. 그래서 다음과 같은 경청을 방해하는 대표적인 습관들이 생기게 됩니다.

1. 상대의 말을 다 듣기 전에 미리 판단한다.
2. 얘기를 듣는 동안 자꾸 다른 생각이 떠오른다.
3. 마음속으로 자기가 할 말을 생각하면서 듣는다.

첫 번째 습관인 '상대의 말을 다 듣기 전에 미리 판단한다, 혹은 끝까지 듣지 않는다'는 경청을 방해하는 가장 큰 장애입니다. 이는 거의 모든 사람들에게 해당될 것입니다. 이 습관을 고치는 방법은 끝까지 듣는 인내심 밖에 없습니다.

경청을 하는 데 있어 인내심의 중요성은 아무리 강조해도 지나치지 않습니다. 일단은 상대방의 말을 자르지 말고 끝까지 들어주어야 합니다. 단지 끝까지 들어주기만 해도 상대방은 당신을 다르게 볼 것입니다.

두 번째 습관은 '얘기를 듣는 동안 자꾸 다른 생각이 떠오른다.' 입니다. 듣는데 자꾸 다른 생각이 떠오르는 것은 어쩌면 누구나 흔하게 겪는 상황일 수 있습니다. 어찌 보면 자연스러운 상황이라 하겠습니다. 그렇다면 이런 상황을 어떻게 고쳐나갈 수 있을까요?

이 습관을 고치는 데에는 '생각 알아차리기'를 활용할 수 있습니다. 경청 중에 다른 생각이 떠오르면 그 생각을 바로 알아차려서 그 생각을 바라보면서 흘려보내는 것입니다. 그렇게 하면 그 생각으로부터 금방 벗어날 수 있습니다.

세 번째 습관인 '마음속으로 자기가 할 말을 생각하면서 듣는다.'는 어떻게 고칠 수 있을까요? 이런 경우, 활용할 수 있는 손쉬운 방법은 할 말을 간단하게 메모하고 잊어버리는 것입니다. 사람이 머릿속으로 기억을 해야 하는 것이 스트레스를 유발한다고 합니다. 특히 잊지 않기 위해서라면 더욱 신경이 쓰일 것입니다. 따라서 이럴 때 메모를 활용하면 쉽게 잊을 수 있습니다.

이상과 같이 열심히 연습을 해도 경청이 잘 안 되는 경우는 주로 누구와 대화할 때 발생할까요? 바로 가족, 친구 등 가까운 사이에서 많이 발생합니다. 특히 배우자와의 대화에서는 경청을 잘하지 못하는 경우가 많습니다. 다음의 사례를 통해 우리는 가까운 관계에서도 경청이 꼭 필요하다는 사실을 절감하게 됩니다.

평소와 다른 목소리로 아내가 말합니다.
아내: 우리 얘기 좀 해요.
남편: 무슨 얘기?
아내가 표현하고자 한 상황: 우리 한바탕 싸울 일이 있어요.

좀처럼 하지 않는 질문을 아내가 한다.
아내: 자기, 나 사랑해?
남편: 응, 사랑해.
아내가 표현하고자 한 상황: 나~ 사고 싶은 물건이 있어.

이렇듯 평소에 정말 가까운 관계라고 생각하는 사람들과 애기할 때도 10개의 눈을 가지고 주의 깊게 경청하지 않으면 그 의중을 제대로 파악하기가 쉽지 않습니다. 실제로 사람 사이의 대화에서 우리가 의존하는 언어적 표현은 7퍼센트에 그치고 93퍼센트는 표정(눈동자, 입, 이마 등등), 태도(손동작, 앉아 있는 자세 등), 목소리 톤(빠르기, 높낮이 등), 호흡 속도 등 비언어적 표현이라고 합니다. 그래서 이것들을 다 보고 느끼려면 10개의 눈이 필요한 것 같습니다.

인정하고 칭찬해 주세요.

　공감하고 경청하는 것까지 된다면 이제는 인정하고 칭찬하는 걸 연습할 차례입니다. 인정과 칭찬이야말로 북한이탈주민 코칭 수업에서 강조한 내용이었습니다.

　인정과 칭찬은 인간관계를 원활하게 해주는 윤활유입니다. 이 세상에 인정받기 싫어하는 사람이 누가 있을까요? 칭찬 받기 싫어하는 사람이 누가 있을까요? 아마 없을 것입니다. 그러면 이렇게 필수적인 인정과 칭찬을 하는 데 돈이 드는가요? 인정과 칭찬을 하면서 특별하게 선물을 같이 하지 않는 한 말로 하는 인정과 칭찬에는 돈이 필요하지 않습니다. 그야말로 최고 아닌가요? 그런데 왜 이렇게 인정과 칭찬을 하는 것이 어려운가요? 그것은 인정과 칭찬을 하는 데에도 노력과 습관화가 필요하기 때문입니다.

우리가 칭찬을 하기 어려운 이유 중의 하나는 상대의 장점보다 단점이 더 빨리 눈에 들어오기 때문입니다. 이는 마치 가만히 있을 때도 부정적인 생각이 긍정적인 생각보다 훨씬 더 많이 떠오르는 것과 같은 이치입니다. 부정적인 생각이나 감정이 떠오를 때면 알아차리기를 통해 그 생각들을 내려놓으라고 했는데, 이 방법은 칭찬에도 적용할 수 있습니다.

사실 부정적인 생각이나 감정이 얽혀 있는 상황에서는 칭찬이 쉽게 나오지 않습니다. 이런 상황에서는 알아차리기를 통해 부정적인 생각이나 감정을 먼저 내려놓아야 칭찬할 수 있는 여유가 생깁니다. 부정적인 감정이 얽혀 있지 않다 하더라도, 우리는 하루에도 여러 번 다른 사람들의 단점을 보게 됩니다. 저 사람은 왜 저럴까? 저 사람은 왜 저렇게 행동할까? 왜 저렇게 화를 낼까? 왜 저렇게 입고 다닐까? 등등 끝이 없습니다. 이럴 때마다 '내가 상대방의 단점을 보고 있구나!' 하고 알아차리고 그 생각을 내려놓으면 그만입니다.

그렇게 해서 여유가 생기면, 그 사람에 대해 관심을 갖고 그의 장점을 찾아내 거기에 집중할 수 있습니다. 그러고 나면 분명히 느낌이 달라집니다. 보기 싫고 미웠던 사람도 그 사람의 장점에 집중하다 보면 그런 감정이

옅어집니다. 그러니까 어떤 측면에 우리의 생각을 집중하느냐에 따라 그 사람에 대한 인식이 달라지는 것입니다. 때때로 배우자, 자녀, 동료, 상사, 부하가 서운하게 느껴질 때에도 그 사람의 장점만을 생각해 보세요. 그리고 볼 때마다 그 장점을 칭찬해주세요.

칭찬하는 말에는 현실감을 불어넣어야 합니다. 그러기 위해서는 눈을 마주치고 미소를 지으며 마음으로부터 칭찬해야 합니다. 혹자는 말합니다. "상대방이 잘하는 걸 보여줘야 칭찬을 하지." 혹은 "마음이 우러나오지 않는데 어떻게 칭찬을 하냐?"라고 말입니다. 하지만 그렇게 저항하는 마음을 알아차리고 내려놓은 다음, 어떤 점이라도 마음에 드는 부분을 애써 찾아내 일단 칭찬을 해보세요. 그러고 나면 상대방이 좋게 보이기 시작합니다. 즉, 일단 칭찬하고 나면 마음도 움직여서 상대방이 더 좋게 느껴지는 것입니다.

칭찬을 할 때는 구체적으로 칭찬하는 것이 좋습니다. 뜬금없이 "대단하십니다!" "훌륭하십니다!"라고 막연히 칭찬하게 되면, 상대방은 "저 사람이 오늘 이상하네. 왜 저러지?" 하고 불안해할 수 있습니다. 구체적인 행위, 모습, 인상 등에 대해 구체적인 표현으로 칭찬해야 하는 것입니다.

칭찬에는 타이밍도 중요합니다. 뭔가를 잘했을 때, 바로 그 순간에 즉시 칭찬해 주면 좋습니다. 타이밍을 놓치면 칭찬해주는 게 머쓱해질 수 있습니다.

누구나 가끔씩은 어떤 사람을 칭찬해야겠다는 생각이 들 때가 있습니다. 그런데 그 사람이 곁에 없습니다. 이런 경우에는 전화나 메모지를 사용해서 칭찬합니다. 칭찬하고 싶다는 생각이 날 때는 지나치지 말고 바로 칭찬하는 것이 좋습니다. 요즘은 스마트폰이 칭찬에 아주 유용합니다. 이 책을 읽으면서 칭찬하고 싶은 사람을 떠올려보세요. 그 사람이 누구든 문자 혹은 카카오톡으로 칭찬하는 말을 보내보세요. 가족이라면 끝에 하트♥ 표시도 붙여주세요. 아마 대부분 이 책을 읽는 중간에 회신이 올 것입니다. 칭찬에 대해서는 사람들이 금방 반응합니다.

때로는 제3자를 통해 간접적으로 칭찬하는 것도 훌륭한 방법입니다. 당신이 칭찬하려는 사람이 없는 자리에서 다른 사람에게 그 사람을 칭찬하면 결국 그 칭찬은 그 사람의 귀에 들어가게 됩니다. 그리고 칭찬을 받은 사람은 대면해서 칭찬을 받은 것보다 더 큰 감동을 느낄 것입니다.

결과만이 아니라 과정도 칭찬해주세요. 결과뿐만 아니라 일을 수행하는 자세도 칭찬해 주세요. 아이를 키워

본 사람이라면 아이에게 걸음마를 가르칠 때를 기억해 보세요. 아이가 수없이 넘어져도 다시 일어설 때마다 웃으면서 박수를 쳐주고 칭찬과 격려를 아끼지 않았을 것입니다. 그러다 조금 커서 자전거 타기를 가르칠 때는 넘어질 때마다 웃으면서 박수를 치지는 않았지만, 그래도 화내지 않고 격려하면서 '너는 할 수 있다'고 도와주었을 것입니다. 그런데 어른이 되어서는 어떤가요? 바쁘다는 핑계로 과정에 무관심해진 건 아닐까요? 한번쯤 되돌아볼 필요가 있습니다.

상대방을 인정하고 칭찬하는 것에 익숙해지려면 '자기 긍정'이 필요합니다. 자신이 즐거워야 다른 사람도 즐겁게 해줄 수 있고, 자기가 만족해야 다른 사람도 만족시킬 수 있는 것과 같은 원리입니다. 자신을 사랑하는 만큼 남을 사랑할 수 있습니다. 자신에게 줄 수 있는 만큼 남에게 줄 수 있습니다.

자 그렇다면 칭찬만큼 중요한 것이 무엇일까요? 아무리 앞서 설명한대로 칭찬을 해도 다른 사람을 비난하면 칭찬이 무의미해집니다. 그렇기 때문에 칭찬이 효과를 발휘하려면 상대방을 비난하지 않아야 합니다 . 사람은 누구나 다른 사람의 말과 행동에 대해 옳다 그르다 하며 시시비비를 가리고 싶어 합니다. 특히 논리적이고 따지기 좋아하는 사람은 더욱 그렇습니다. 그렇지만 다른 사람으로부터 비난 혹은 비판을 받는 것을 좋아하는 사람은 아무도 없습니다. 내가 하면 로맨스고 남이 하면 불륜인 것입니다.

비판한다고 해서 상대방이 변화하지 않습니다. 비판은 상대방을 변화시키기는커녕 오히려 방어적인 입장에 서게 하고 스스로를 정당화하도록 만드는 경향이 있습니다. 북한 정치체제에서 비판하는 것에 익숙해진 북한이탈주민들이 남한에서 적응하는데 있어 특히 주의해야 할 일입니다.

사례:
칭찬하는 것을 잊고 살았던 것 같아요.

다음은 코칭 수업을 받고 난 뒤 소감을 적은 수기 중에서 인용한 사례입니다.

'가랑비에 옷 젖는 줄 모른다.'는 속담이 있습니다. 코칭 교육을 계속 받으면서 가장 많이 생각나는 말입니다. 코칭 교육 시간이 한 번 두 번 지날수록 제 얼굴이 눈에 띄게 밝아지는 것 같습니다. 처음에 왔을 땐 경계하기도 하고, 공격적인 말투나 침묵을 지키고 있던 내가 시간이 지날수록 적극적으로 교육에 참여하고 사례를 발표하기도 하고 많이 변하는 것을 보면서 내심 놀라게 되었습니다. 내가 마음의 문을 열고 문제해결방법을 찾아가는 모습을 볼 때면 내 마음속에 설명할 수 없는 뿌듯함이 느껴집니다.

코칭 교육 과정 중에 가장 기억에 남는 교육이 있습니다. 바로 '눈 마주치기와 칭찬하기'입니다. 두 줄로 마주보고 서서 한 명씩 돌아가면서 눈을 마주치는 것이었습니다. 선생님이 시키는 대로 속으로 '어떻게 하면 내 앞에 있는 사람을 도와줄 수 있을까?' 라고 생각하면서 눈을 마주쳤습니다. 처음에는 쑥스럽고 눈을 피하고 싶었지만 몇 번 하다 보니까 익숙해지면서 집에 가서 가족들한테도 이런 마음으로 눈을 마주쳐야겠다는 생각이 들었습니다. 이어서 이어진 칭찬하기 때도 역시 두 줄로 서서 한 명씩 돌아가면서 서로 손을 잡고 눈을 마주치고 번갈아 가면서 칭찬을 하고 안아주는 시간이었습니다. 알고 지낸 시간이 길던 짧던 상관없이 손을 마주잡고 상대방을 칭찬하고 따뜻하게 안아주는 그 시간 덕분에 다소 어색했던 다른 수강생들과의 관계가 급격하게 좋아지면서 끝까지 편하게 교육을 받을 수 있는 원동력이 되었습니다.

사실 돌이켜보면 언제 누군가와 손을 마주잡고 눈을 바라보며 칭찬하는 말을 하고 따뜻하게 꼭 안아준 적이 있었는지 궁금합니다. 처음엔 어색했지만 시간이 지날수록 적극적이고 더욱 진심 어린 눈빛으로 사랑의 마음을 담아 칭찬을 쏟아냈습니다. 우리 북한이탈주민은 북한에서 생활총화와 호상비판을 하며 자라왔습니다. 비판을 위한 비판을 하는 것에 아주 익숙해 있었습니다. 그렇기 때문에 상대방을 인정하고 칭찬하는 말을 하는 것이 쉽지 않았습니다. 그래서 처음 칭찬을 하거나 받을 때는 쑥스럽고 부끄러웠습니다. 그렇지만 곧 칭찬이 좋아지게 되었습니다. 사람은 누구나 인정받고 칭찬을 받는 것을 좋아하기 마련인 것 같습니다. 시간이 지날수록 칭찬의 시간을 점점 즐기게 되었습니다. 이런 긍정적인 마음을 가지고 있으면 다른 사람들과 좋은 관계를 맺는 것이 어렵지 않겠다는 자신감이 들었습니다.

여섯 번째 만남:

꿈이 없어요.

북한이탈주민들은 정말 어렵게 남한에 왔는데 막상 와서 보니 북한에서 정말 하고 싶었던 것을 마음껏 하기에는 여건이 받쳐주지 못해서 정말 내가 뭘 해야 하는지 고민이 되는 경우가 많습니다. 심지어는 뭘 해야 될지 모르고 그저 하루하루를 살아가는 경우도 있습니다. 그렇게 죽을 고생을 해서 온 남한에서의 생활이 자신도 모르게 그저 하루하루가 지나가게 되는 것입니다. 남한에서의 정착이 너무 힘들다 보니 왜 그렇게 목숨을 걸고 죽을 고생을 하면서 탈북을 했는지를 어느덧 잊어버리게 되는 것입니다.

　다음은 코칭수업을 들은 한 북한이탈주민의 후기에서 일부 발췌한 글입니다.

　"코칭 교육을 받기 전에는 나 자신이 불쌍해 보이고 항상 우울증에 시달려 병원 신세만 지는 생활의 반복이었습니다. 내 자신에 대한 자존감이 전혀 없었고, 남한 사회에 입국한지 2년이 흘렀지만 안정적인 직업도 없어 그냥 허송세월 시간만 보내면서 살다 보니 어느 날엔 확 죽어 버리고 싶은 생각까지 하게 되었습니다. 한줌도 못 되는 창자를 채우기 위해 사랑하는 부모 형제들과 생이별한 내 자신을 증오하기까지 했고, 저녁에 자려고 눈을 감으면 시래기 밥에 저고리 마냥 짧은 이불을 덮고 계실 가족들 생각에 미칠 것만 같았던 것이 하루 이틀이 아니었습니다. 이렇게 쓰라린 가슴을 안고 정작 남한 생활에 적응하지도 못하는 최악의 상황은 내가 죽어버려야 끝날 것 같은 좁은 생각들로 세월을 보내던 저였습니다."

그러나 많은 북한이탈주민들이 코칭 수업을 들은 후 아래와 같이 말합니다.

"그동안 내면 깊숙한 곳에 자리하고 있었던 꿈들을 발견하게 되고 실현하기 위해 노력하게 되었습니다. 이전만 해도 공부라는 것은 어린 학생들만 하는 것으로 생각했고 지금 나이에 '밥벌이만 하면 되지'라는 보수적인 생각에 고립되어 있던 저였습니다. 그러나 지금은 나의 꿈을 이루기 위해 당당한 아줌마 대학생이 되었고, 내가 좋아하고 잘하고 있는 일이 무엇인지를 깨달아 주말마다 새조위 교육장에서 북한이탈주민 교육에 참여하여 뒤늦은 학구열을 불태우고 있습니다. 저 북한 땅에서는 상상도 할 수 없었던 아줌마 대학생! 무엇을 배운다는 즐거움이 머릿속에, 가슴속에 채워져 가는 것은 그 어떤 행복과도 비교할 수 없는 큰 기쁨입니다. 마음의 변화와 배움의 즐거움을 동시에 안겨준 코칭교육은 저와 같은 북한이탈주민들의 정착을 돕는 어마어마한 기적이 아닐 수 없습니다."

난 행복하면 안 돼요 |

그렇다면 이들은 어떻게 코칭을 통해서 꿈을 찾은 걸까요? 같이 한번 알아보겠습니다.

내가 정말 소중하게 생각하는 가치는 무엇인가요?

북한이탈주민들의 꿈에 대한 코칭을 할 때 먼저 물어보는 질문이 '가치'입니다.

한번 상상해보세요. 우리가 진정 가치 있다고 생각하는 일을 할 때의 느낌이 어떨지 말입니다. 이것이야말로 진정한 성취입니다. 가치는 삶의 방향과 운명을 창조하는 데 끊임없이 영향을 미치는 힘입니다.

가치에는 두 가지 형태가 있습니다. 목적으로서의 가치와 수단으로서의 가치입니다. 예를 들어 "돈은 당신에게 무엇을 줍니까?" 하고 물어올 때 "자유, 영향력, 봉사할 수 있는 능력, 안정감" 이라고 답할 수 있습니다. 그렇다면 자유, 영향력, 봉사할 수 있는 능력, 안정감은 목적으로서의 가치인 것이고, 돈은 수단으로서의 가치인 것입니다.

일반적으로 사람들은 수단 가치를 추구하는 데 바빠서 자신이 진정으로 원하는 목적 가치를 얻지 못합니다. 사람들이 힘들어하는 상황 중 하나는 자신이 정말 중요하게 생각하는 게 뭔지도 모르면서 목표를 세우는 것입니다. 그러고 나서 목표를 성취하고 나서 '이게 진정 내가 원하던 걸까?'라는 생각이 들게 됩니다. 북한이탈주민 또한 마찬가지입니다.

이렇게 중요한 가치를 명확하게 규명하기 위해서는 본인이 인생 경험에서 가치 있게 여겼던 것을 찾아보는 게 효과적입니다. 이때 쉽게 할 수 있는 방법이 다음과 같은 질문을 해보는 겁니다.

내가 소중하게 여기는 가치는 무엇인가?
그것이 완전히 다 충족되었다면 어떤 느낌일까?
그리고 나서 나는 또 어떤 가치를 추구하고 싶은가?
그것이 또 완전히 다 충족되었다면 어떤 느낌일까?
그리고 나서 나는 또 어떤 가치를 추구하고 싶은가?

이렇게 동일한 질문을 계속해서 하다 보면 어떤 가치에 이르러서는 더 이상 추구하고 싶은 생각이 들지 않는 최종 단계에 이르게 될 것입니다. 바로 그것이 나에게 가장 중요한 핵심 가치가 될 수 있습니다.

 나의 목표는 무엇인가요?

만약 누군가 "나를 따르라!" 해서 열심히 산에 올라갔더니, 그가 "앗, 이 산이 아닌가 봐"라고 한다면 얼마나 당황스럽고 허탈할까요? 우리가 오르고자 하는 산, 목표는 우리가 가고자 하는 방향, 인생목적, 핵심가치 등과 같은 방향에 있는 산이어야 합니다. 핵심가치를 잘 정립한 후에 우리는 우리의 목표가 지향하는 핵심가치와 잘 정렬되어 있는지 살펴봐야 합니다.

그렇다면 목표란 무엇인가요?

목표는 성취의 대상입니다. 목표가 없는 사람은 키가 없는 배와 같아서 방향도 없이 떠다니기 때문에 항상 좌초의 위험을 안고 있습니다. 반면 목표가 있는 사람은 키가 있는 배와 같아서 목적지를 향해 나아갈 수 있습니다. 목표를 통해 인생의 변화 방향을 제어할 수 있는 것입니다. 그 결과, 긍정적이고 자율적인 변화를 만들어내게 됩니다.

목표가 성취를 이루기 위해 이렇게 중요한데도 사람들이 목표를 설정하지 않는 이유는 무엇일까요? 우선은 행동하지 않기 때문일 것입니다. 아무리 내 몸에 좋은 약이라도 먹지 않고는 효과를 볼 수 없습니다. 우리는 행동해야만 합니다. 그런데 행동을 하고 싶어도, 즉 목표를 설정하고 싶어도 망설이는 주된 이유는 무엇일까요? 그건 실패에 대한 두려움 때문일 것입니다. 실패에 대한 두려움의 주된 원인은 성공을 이루는 데 있어 실패의 역할을 이해하지 못하기 때문입니다. 실패를 겪어보지 않으면 성공할 수 없습니다. 역사상 가장 위대한 성공들은 동시에 가장 커다란 실패였습니다. 북한이탈주민들도 역시 대부분의 사람들처럼 새로운 일을 시도하고 싶지만 실패에 대한 두려움이 큽니다. 그래서 자주 인용하는 사례가 토마스 에디슨입니다.

토머스 에디슨은 가장 성공한 발명가입니다. 그는 1,000개가 넘는 특허를 받았습니다. 그렇지만 에디슨은 당시에 가장 실패를 많이 한 사람이기도 합니다. 실패를 다루는 방법은 그 실패 안에서 가치 있는 교훈을 찾는 것입니다. 모든 어려움은 우리가 계속해서 발전하는 데 필요한 교훈을 주기 위해 우리에게 다가오는 것입니다. 위대한 성공이 있기 전에는 항상 수많은 실패가 있었습니다. 성공을 가능하게 하는 것은 실패로부터 배운 교훈 때문입니다. 자신의 목표를 명확히 세우고 성공을 거두기 위해 일시적인 실패나 장애를 마땅히 지불해야 할 대가로 받아들임으로써 우리는 실패에 대한 두려움을 극복할 수 있습니다. 그래서 '인생에서 실패(실수)는 없다. 다만 피드백(교훈)이 있을 뿐이다'라고 말하는 것입니다.

이제 가슴 뛰는 삶을 살아 보세요.

목표가 이렇게 중요하다면 우리는 어떻게 목표를 세우면 될까요? 코칭에서는 목표에 대해 가장 많이 연구를 한 사람 가운데 하나인 브라이언 트래이시의 5가지 원칙을 종종 활용합니다. 이 5가지 원칙은 다음과 같습니다.

첫째, 정합성의 원칙입니다. 목표는 우리가 지향하는 인생의 목적이나 가치관과 방향성이 일치해야 합니다.

둘째, 선택과 집중의 원칙입니다. 자기가 잘하는 영역을 선택하고 그것에 온 마음을 집중하라는 것입니다.

셋째, 기회 활용의 원칙입니다. 기회가 바로 우리 곁에 있다는 것을 인식하고 현재의 상황을 최대한 활용하라는 것입니다. 우리가 찾고 있는 것은 대부분 우리 옆에 아주 가까이 놓여 있습니다. 그러나 그것은 외견상

기회로 보이지 않습니다.

넷째, 균형의 원칙입니다. 자동차가 제대로 가려면 바퀴가 균형을 잘 잡아야 하는 것처럼 인생을 원만하고 만족스럽게 살아가려면 목표들이 균형을 잡아야 합니다.

다섯째, 주된 목표 결정의 원칙입니다. 주된 목표란 그 시점에 다른 어떤 목표보다도 더 중요한 목표를 가리킵니다. 주된 목표는 다른 모든 활동을 엮어줍니다. 주된 목표는 압도당할 정도가 되어서도 안 되지만, 동시에 너무 쉬워서도 안 됩니다. 힘들여 노력해야만 달성할 수 있는 것이어야 합니다.

수업 시간에 5가지 원칙을 살펴본 후 다음 질문에 대해 함께 답을 적어보도록 했습니다. 답을 쓸 때 각 질문에 대해 생각나는 대로 즉시 적도록 했습니다. 시간을 두고 고민한다고 정확한 답이 구해지는 것이 아니기 때문입니다.

- 지금 가장 중요한 인생 목표 세 가지는 무엇인가요?
- 복권에 당첨되어 갑자기 어마어마한 돈을 받았다면 어떻게 하겠습니까?
- 알라딘의 요술 램프를 얻게 되어 지니에게 3가지 소원을 말할 수 있다면 무엇을 말하겠습니까?

- 앞으로 6개월밖에 살 수 없다는 사실을 오늘 알게 되었다면, 어떤 일을 하고 또 어떻게 시간을 보내겠습니까?
- 오랫동안 해보고 싶었으면서도 두려움 때문에 시도해보지 못한 일은 무엇인가요?
- 가장 좋아하는 일은 무엇인가요? 자신에게 가장 커다란 자부심과 만족감을 주는 일은 무엇인가요?
- 절대로 실패하지 않는다는 가정 하에 꼭 하고 싶은 일 한 가지가 있다면 무엇인가요?
- 당신의 묘비에 어떤 문구가 새겨졌으면 좋겠습니까?
- 당신은 80세 생일에 어떻게 평가를 받기 원하는가요?
- 당신은 다른 사람들에게 어떤 사람으로 기억되길 원하는가요?

실제 목표를 다 적은 뒤에는 다음과 같이 점검해 봤습니다.

- 적어놓고 가장 놀랐던 목표는 무엇인가요?
- 오늘 당장 실천에 옮기고 싶은 목표는 무엇인가요?
- 가장 힘들 것 같은 목표는 무엇인가요?
- 보기에는 그럴듯하지만 실천에 옮길 것 같지 않은 목표는 무엇인가요?

- 목표를 달성하는 데 장애 요인은 무엇이며 어떻게
  극복해야 하는가요?

답을 적은 다음에는 천천히 살펴보면서 그 중 하나를 자신의 주된 목표로 선정해 보았습니다. 이 많은 목표 중에서 어떻게 선정할 수 있었을까요?

비결은 마음이 끌리는 분야, 즉 가슴이 뛰는 곳으로 가는 겁니다. 가슴이 뛰지 않는 일은 아무리 열심히 해도 진정한 성취를 이루기가 쉽지 않습니다.

가슴 뛰는 일을 하는 사람은 억지로 노력해서 그 일을 하지 않습니다. 즐기면서 몰입할 수 있습니다. 즐기기 때문에 요구하지 않아도 필요하면 스스로 밤을 새워 그 일을 합니다.

사람은 저마다 고유의 모습과 생각과 파장을 가지고 있기 때문에 가슴 뛰는 일이 사람마다 다릅니다. 어떤 사람은 다른 사람을 치료할 때 가슴이 뜁니다. 어떤 사람은 밤새워 별을 관찰하는 일을 할 때 가슴이 뜁니다. 가슴 뛰는 일이란 무한히 다양하고 무한히 창조적입니다.

따라서 우리는 우리 자신에게 물어보아야 합니다.

- 나는 무슨 일을 하면 가슴이 뛸까?
- 내가 지금 하는 일에서 가슴이 뛰게 하려면 어떻게 해야 할까?

북한이탈주민들에게 코칭을 할 때 강조하는 내용은 우리가 지금 하는 일에서 기쁨을 느낄 수 없다고 해서, 가슴이 뛰지 않는다고 해서 반드시 그 일을 바꾸어야 한다는 것은 아니라는 것입니다. 그 일을 하는 방법을 바꾸는 것으로 기쁨을 느끼거나 가슴이 뛰게 할 수도 있습니다. 중요한 것은 가슴이 뛸 때 그것을 행동으로 옮기려는 우리의 의지입니다.

물론 우리가 행동으로 옮기려 할 때 마음속에는 불안감이 자리 잡고 있습니다. 정말로 그렇게 해도 내가 먹고 살 수 있을까, 과연 성공할 수 있을까 하는 불안감 말입니다. 우리가 그 불안감을 알아차리고 내려놓을 수 있을 때 삶 전체가 진정으로 가슴 뛰는 일로 바뀔 것입니다. 알아차리기를 통해 불안감을 내려놓고, 마음을 평화롭게 갖고, 자신의 일에 몰입하면 더 빨리 기회가 찾아올 것입니다. 그리고 기회가 왔을 때 놓치지 않을 수 있습니다. 기회가 온 것을 확실히 알 수 있습니다.

사례:
이제 진정으로 내가 할 수 있는 좋아하는
일을 찾을 수 있겠어요.

북한이탈주민들 중에 학생들도 적지 않습니다. 그들에게는 대개 남한 대학 입학을 하는 데 있어 어느 정도 배려를 해 줍니다. 그렇지만 입학한 다음이 문제입니다. 공부를 따라가는 데 어려워서 중도 탈락하는 학생들도 많습니다. 그래서 대학 졸업하는 게 힘든 건 남한 학생들과 다르지 않습니다. 자녀가 대학 졸업해서 잘 풀리기를 바라는 부모 마음은 다 똑같습니다. 그래서 그렇게 어려운 대학과정인데도 불구하고 자식들한테 대학가기를 권합니다.

코칭 수업을 받는 한 여학생은 나이가 다른 학생들보다는 훨씬 더 많았습니다. 그리고 결혼할 사람도 있었습니다. 자기가 원하는 것을 할 수도 없고 나이도 많고 결혼도 해야 되고 이래저래 걱정만 하고 아무 것도 실행하지 못하는 상태였습니다.

사실 이 학생이 진짜 원하는 건 디자인이었습니다. 그런데 디자인계통 대학에 진학하고 또 졸업해서 일자리를 구하는 것이 생각보다 너무 힘들다는 것을 알게 되었습니다. 한 동안 방황하다가 코칭을 배우면서 자기가 진정 원하는 것이 무엇인지 생각해 보는 시간을 가졌습니다.

'내가 원하는 것이 현실성이 적다면 내가 할 수 있는 건 무엇일까?'

'그것은 내가 하고 싶은 것일까? 나의 적성에 맞는 걸까?'

다행이 이 학생은 수학과목을 좋아했고 성격도 꼼꼼한 편이었습니다. 게다가 엄마가 북한에서 회계 계통의 일을 한 경험이 있어 회계. 세무 계통의 일에 대해 좋게 생각하다가 엄마와 상의 끝에 회계와 세무 공부를 해서 세무사가 되는 목표를 세웠습니다. 그리고 나서 코칭 시간에 배운 걸 활용해서 그 목표가 정말 자신이 원하는 가슴 뛰는 목표인지 점검하고 또 점검해 보았습니다. 마침내 그 목표가 자신에게 맞는다는 걸 확인한 후 학원에 등록해서 열심히 다니기 시작했습니다.

거의 한 번도 빠지지 않고 매주 화요일 저녁에 나와서

코칭도 배우고 학원도 열심히 다녀서 회계 및 세무 급수 자격증을 계속 따기 시작했습니다. 앞으로 세무사 사무실에 취업해서 열심히 일을 하고 싶다고 했습니다. 그리고 틈나는 대로 다른 사람들을 코칭도 해주고 싶다고 했습니다. 결국 1년 후 필요한 자격을 다 취득하고 세무사 사무실에 취업해서 지금은 열심히 행복하게 일하고 있습니다.

일곱 번째 만남:

즐겁게 일하고 싶어요.

원하는 일을 찾았는데도 매번 즐거운 것은 아닙니다. 즐겁게 일하다가도 가끔은 힘들 때가 있고 때로는 내가 이 일을 정말 해야 하는지 회의가 들 때도 있을 것입니다.

"내가 선택한 일이니까 늘 즐거웠으면 좋겠는데 즐거울 때보다 힘들고 괴로울 때가 더 많아서 속상해요."

북한이탈주민 뿐만 아니라 많은 사람들이 하는 말입니다. 그러면 이렇게 질문합니다.

"한번 옆을 둘러보세요. 사람들이 다 즐겁게만 일하는가요?"

그렇습니다. 우리들 대부분은 일을 하면서 즐거움과 동시에 괴롭고 힘든 감정도 번갈아 느끼곤 합니다. 문제는 힘든 감정의 빈도와 강도입니다. 늘 힘들고 정말 힘들어 죽겠다는 감정이 들 때는 한번쯤 되돌아 볼 필요가 있습니다.

'도대체 왜 이렇게 힘든 걸까?'

그렇게 성찰하다 보면 알게 될 것입니다.

'내 스스로가 힘들게 만들었다는 것을.'

다음은 스스로 마음을 바꾸고 열심히 노력해서 직장에서 성공한 북한이탈주민 여성의 사례입니다.

"직장에 들어가니 외래어가 너무 많고 생전 보고 듣지도 못한 것들이라 몇 번 들어서 알기에는 힘이 들었

습니다. 그런데 동료가 그것도 모르냐고 화를 내면 저도
화가 나면서 나를 무시하는 것 같아 정말 힘이 들었습니
다. 그러나 북한에 있는 자식을 생각해 그만 둘 수가 없
었습니다. 생각 끝에 외래어 노트를 만들었습니다. 주변
사람들에게 물어보고 또 물어서 그 공책을 달달 외우는
데 한 달 이상이 걸렸습니다. 제가 생각을 고쳐먹으니
그때부터는 모두 저에게 용기와 박수를 보내더군요. 모
든 건 내가 마음먹기에 달렸다는 걸 알게 되었습니다."

지금 가장 힘든 일이 무엇인가요?

코칭 수업 시간에 하는 재미있는 연습 중 하나가 '지금 가장 힘든 일'을 떠 올리는 것입니다.

눈을 감고 편안히 앉아서 현재 가장 힘든 일을 떠 올리는 것입니다. 힘든 일의 내용을 말하지 않고 해도 됩니다. 속으로만 떠 올리는 것입니다. 그리고 지금 가장 힘든 일을 떠 올릴 때의 느낌을 느껴 봅니다. 아마 '답답함, 괴로움, 불안함 등등' 부정적인 감정이 떠오를 것입니다. 그러면 다음 질문에 따라 각자 속으로 답을 하는 연습을 합니다.

"자 이제 중간 과정은 생각하지 마시고, 지금 가장 힘든 일이 다 해결된 상황을 떠 올려 보세요. 그리고 그 때 어떤 느낌인지 느껴 보세요."

아마도 시원함, 안도감, 편안함 등의 긍정적인 감정을 느낄 것입니다. 그러고 나면 다시 이런 질문을 합니다.

"자 이제 지금 가장 힘든 일이 해결되고 나니까 어떤 일을 하고 싶은지 떠올려 보세요."

잠시 후, "그 일이 다 성취되거나 해결된 상황을 떠올려 보세요."

잠시 후, "그 때 어떤 느낌인지 충분하게 느껴 보세요."

그리고 나서 이 과정을 더 이상 하고 싶은 일이 없을 때까지 계속 반복합니다.

이렇게 하고 나서 다시 처음에 떠 올렸던 '지금 가장 힘든 일'을 떠올려 보라고 합니다. 그러면 그 일에 대한 느낌이 처음에 느꼈던 느낌과 변하게 된 것을 깨닫게 됩니다. 즉 '지금 가장 힘든 일'은 그 일 자체가 힘든 것이 아니라 그 일에 대한 나의 느낌, 생각, 감정 등이 힘들었던 것이라는 것을 깨닫게 됩니다.

가장 쉬운 예가 바로 물이 반쯤 있는 컵을 보고서 어떤 생각을 하느냐 입니다.

'물이 반밖에 없네, 혹은 물이 반이나 있네.'

즉, 물이 반 있다는 사실은 변함이 없지만 그 사실을 어떻게 생각하느냐에 따라 짜증날 수도 있고 안도감이 생길 수도 있습니다.

결국 지금 현재 힘든 일이 있다면 그 힘들다는 생각이나 감정도 내가 만들어 냈다는 것을 알아차리는 순간 힘든 짐을 살며시 내려놓을 수 있게 되는 것입니다.

이와 비슷한 일화가 또 있습니다.

두 사람이 밤에 등산을 하다가 새끼줄을 밟았습니다. 그 중에 한 사람이 뱀이라고 외치면서 깜짝 놀라 팔짝 뛰었습니다.

한번 생각해 보세요. 밤길에 뱀을 밟았다면 어떤 기분이 들까요?

분명 공포와 두려움의 감정을 경험할 것입니다. 상상만 해도 몸이 떨려올 것입니다.

그런데 옆에 있던 친구가 과연 그것은 뱀이었는지 궁금했습니다.

내가 보기에 뱀이 아닌 것 같던데 하면서, 한번 가서 살펴보자고 제안을 했습니다.

되돌아가서 살펴보니 과연 그것은 뱀이 아니라 새끼줄이었습니다.

그 사람을 엄습했던 긴장과 두려움은 일순간에 사라졌습니다.

누구나 '지금 가장 힘든 일'이 그 사람에게는 가장 힘든 일입니다. 그렇지만 그 일도 내가 어떻게 생각하고 받아들이느냐에 따라 '가장 힘든 일'이 아니라 '보통의 힘든 일' 혹은 '그냥 하는 일'로 느껴질 수도 있습니다.

　이렇게 변하게 되면 그 일에 보다 쉽게 몰입할 수 있게 됩니다.

 알아차리고 몰입해 보세요.

코칭 수업 시간에 해 보는 재미있는 몰입 연습이 있습니다.

자신이 겪었던 여러 가지 경험 중에 제일 즐거웠던 기억을 떠올리거나, 이런 상황이 되면 정말 행복할 것 같은 상황을 상상해서 충분히 느껴보는 것입니다.

자, 눈을 감고 행복한 상황을 떠올려봅니다. 이때 충분히 몰입하려면 시각, 청각, 촉각을 다양하게 활용합니다. 옆에 있는 사람이 질문을 던지면서 이끌어주면 혼자 하는 것보다 훨씬 효과적일 수 있습니다. 예를 들어 "무엇이 보이나요?" "무슨 색입니까?" "사람들은 어떤 표정인가요?" "무슨 소리가 들리나요?" "좋아하는 음악 소리가 들리나요?" "무엇이 느껴지나요?" "무슨 향기가 나나요?" "이렇게 기분이 좋을 때는 몸에서 어떤 반응이 나타나나요?" 등등 우리의 감각기관을 총동원해서 생생하게 느낄 수 있도록 질문을 하는 것입니다. 오감 중에서 가장 민감하게 느껴지는 부분이 있다면 그 부분에 더 집중해서 느껴봅니다. 그리고 그렇게 행복한 상황을 충분히 느껴보고 나서 눈을 뜹니다.

이번에는 자신의 신체 중 다른 사람들이 잘 알아차리지 못하면서도 빨리 움직일 수 있는 손가락의 어떤 동작에다 이 상황을 연결시킵니다. 예를 들어 엄지손가락을 드는 것으로 정했다면 이제부터는 엄지손가락을 들면서 눈을 감고 그 행복한 상황을 떠올리는 것입니다. 마치 야구 감독이 선수에게 사인을 보내듯이 그 손가락 동작을 하게 되면 환상적인 상황과 행복감이 바로 연상됩니다. 이렇게 되면 내가 에너지가 부족하다고 느낄 때, 뭔가 기분 전환이 필요할 때 바로 그 동작을 하면 됩니다. 그러면 나의 에너지, 나의 기분이 바로 전환될 수 있습니다. 이는 자주 사용할수록 더 강화가 됩니다. 이 방법을 사용하면 원할 때는 언제나 행복한 느낌과 에너지가 솟는 느낌을 만들어낼 수 있을 것입니다.

사실 이 과정에서 우리는 쉽게 몰입을 경험하게 됩니다. 즐거운 상상을 하는 동안 걱정이 떠오르지 않습니다. 오직 그 행복한 상황에 몰입하는 것입니다.

반면에 마음이 흐트러지고 어지러우면 우리가 느낄 수 있는 순간순간의 기쁨과 행복을 많이 놓치게 됩니다. 하지만 알아차리기를 하면 우리가 하는 행동 하나하나를 그대로 느낄 수 있습니다. 예를 들어, 팝콘을 먹으면서 영화를 보면 팝콘이 어디로 들어갔는지, 어떤 맛이었는지 잘 모릅니다. 영화를 보면서 그냥 다 먹어버린 것뿐입니다. 이런 상황들은 우리의 생활 곳곳에 널려 있습니다. 먹을 때는 먹는 것에, 일할 때는 일하는 것에 몰입할 수만 있다면 매 순간 우리는 충만함을 느낄 수 있습니다.

만약 삶이 놀이로 변해 많은 사람들이 즐겁게 일하러 가거나 가족에 대한 의무를 기꺼이 다한다면 그것은 삶을 자연스럽고 기쁘게 받아들이는 시발점이 될 수 있을 것입니다. 하지만 반대로, 그 모든 것을 의무감에서 억지로 해야만 한다면 당연히 삶은 힘들고 괴로운 것으로 느낄 수밖에 없을 것입니다. 행복한 삶을 산다는 것은 무엇인가를 즐기면서 몰입하는 것이라고도 표현할 수 있습니다.

북한이탈주민 코칭 수업에서 이 단계에 이르면 늘 나오는 질문이 있습니다.

'그럼 그냥 막 살아도 된다는 겁니까?'

우리가 하는 일을 놀이처럼 즐긴다는 것이 그 일을 진지하게 받아들일 필요가 없다고 말하는 것은 아닙니다. 오히려 놀이처럼 즐길 때 그것에 헌신하고 창조적으로 활동할 수 있게 됩니다. 이와는 달리 누군가 무언가에 대해 '이것은 철두철미하게 실제'라고 말한다면, 그래서 오직 진지함과 긴장만 남게 된다면 어떻게 될까요? 우리에게는 걱정과 문제가 생기게 되고 모든 것이 경직될 수 있습니다. 따라서 삶은 힘들고 무기력해질 수밖에 없습니다.

생산적이고 훌륭한 일들은 언제나 즐거움과 연결되어 있습니다. 행복이란 하는 일이 아니라 그 일을 어떻게 하느냐에 달려 있다는 것을 알게 되면 모든 것이 놀이가 될 수 있습니다. 마치 톰 소여가 페인트칠을 너무나도 즐겁게 해서 이를 보던 친구들이 서로 그 일을 하겠다고 달려든 것처럼 말입니다.

그렇다면 어떻게 몰입을 잘 이끌어낼 수 있을까요?

무엇보다도 중요한 것은 몰입 과정에서 알아차리기를 통해 몰입을 방해하는 요인, 즉 부정적인 생각이나 감정들을 내려놓는 것입니다.

고3 때의 기억을 해 보세요. 책상에 앉아 있다고 그

난 행복하면 안 돼요 |

시간에 다 공부하는 것은 아닙니다. 놀고 싶은 생각도 했고, 시험을 못 보면 어떻게 하나 걱정도 했고, 원하는 대학을 못 가서 부모님을 실망시키면 어떻게 하나 불안하기도 했고 선생님이나 친구들과의 관계에서 오는 스트레스 때문에 힘들었을 겁니다. 그렇지만 그런 잡생각이나 부정적인 감정 등을 내려놓을 수 있었다면 더 적은 시간을 공부해도 더 효과적으로 공부가 잘 됐을 것입니다. 어른이 돼서도 마찬가지입니다. 온갖 근심, 걱정하느라고 정작 그 일에 몰입을 잘 하지 못하게 되는 경우가 많습니다. 그래서 알아차리기를 통해 부정적인 생각이나 부정적인 감정을 알아차리고 지켜봐서 쉽게 내려놓게 되면 마음이 편해져서 지금 이 순간에 하는 일에 몰입이 훨씬 더 잘 되게 됩니다. 마치 비유를 하자면 스마트폰을 쓰다가 작동이 잘 안 되면 어떻게 하나요? 껐다 다시 킵니다. 즉 초기화 혹은 reset 을 하는 겁니다. 그러면 작동이 잘 되게 됩니다. 우리의 마음도 마찬가지입니다. 부정적인 생각이나 감정이 몰입을 방해해서 머리가 작동이 잘 안 될 때, 생각이나 감정을 알아차리고 지켜보게 되면 그것들을 쉽게 내려놓게 되고 우리 머리는 쉽게 초기화 상태가 되는 겁니다.

지금 이 순간에 충실해 보세요.

　몰입을 다른 말로 표현한다면 바로 '지금 이 순간에 충실하기' 라고 할 수 있을 것입니다.
　톨스토이는 「세 개의 의문」이라는 글에서 현재의 중요성에 대해 이렇게 얘기했습니다.

　첫째 의문은 이 세상에서 가장 중요한 시간은 언제 인가?
　둘째 의문은 이 세상에서 가장 필요한 사람은 누구 인가?
　셋째 의문은 이 세상에서 가장 중요한 일은 무엇인가?
　이 세상에서 가장 중요한 시간은 현재(現在)이다.
　이 세상에서 가장 필요한 사람은 지금 내가 만나고 있는 사람이다.

이 세상에서 가장 중요한 일은 지금 내 옆에 있는 사람에게 선(善)을 행하는 일이다.

톨레의 저서인 『지금 이 순간을 살아라』에는 다음과 같은 좋은 구절이 있습니다.

지금 이 순간에 살면서 실제로 필요한 경우에만 과거와 미래를 잠깐씩 방문하자. 지금의 순간이 담고 있는 것이 무엇이든, 그것은 우리가 선택한 것으로 받아들이자. 언제나 '지금 이 순간'과 함께 움직이면서 거기에 저항하지 말자.

그렇다면 가장 중요한 현재를 사는 것, 지금 이 순간을 사는 것이란 도대체 어떻게 사는 것을 말할까요?
그것은 바로 알아차리기를 통해 매 순간 깨어있는 것을 말합니다.
우리는 지금 여기에 있으면서도 마음은 늘 과거나 미래에 가 있곤 합니다. 그 때문에 힘들어 하게 됩니다.
미래에 대해 자꾸 생각하면 그 생각에 사로잡히게 됩니다. 불안한 심리라는 것은 미래에 일어날 일에 대한 생각에 사로잡히면서 일어나는 불안, 초조, 근심, 걱정을 말합니다. 미래에 대해 계획을 세우고 설계하는 것과 미래에 대한 불안감에 사로잡히는 것은 다릅니다. 우리가 미래를 위해 분주하게 계획을 세우는 동안에도, 우리는 또 현재에 존재하고 있습니다. 그래서 몰입이 바로 현재를 사는 방법이고 행복해질 수 있는 길이라고 말하는 것입니다.

또한 괴로움이란 과거의 어떤 기억에 사로잡혔을 때 일어나는 것입니다. 그렇다고 과거의 기억에 사로잡히지 말라는 것이 기억을 다 잊어버리라는 뜻은 아닙니다. 사실 기억을 다 잊어버리는 것은 불가능합니다. 과거에 대한 기억은 내가 하고 싶다고 하고, 하기 싫다고 안 하는 것이 아닙니다. 내 의지와 상관없이 일어나는 작용입니다. 그런데 주의할 것은 기억에 빠져서, 즉 기억에 사로잡혀서 괴로워하는 것입니다. 기억하는 것과 기억에 사로잡히는 것은 다릅니다.

후회가 과거를 바꿀 수 없고 걱정이 미래를 바꿀 수는 없습니다. 우리가 바꿀 수 있는 것은 바로 지금 여기, 현재뿐입니다. 행복은 현재에 있습니다. 내 안에 있습니다. 현재의 순간에 대해 감사하면서 지금 충만한 삶을 사는 것이야말로 더 없는 행복입니다.

흔히 담배나 술을 끊겠다는 사람들이 항상 하는 말이 있습니다.

"오늘만…"

"이번 주만…"

"이달까지만…"

그러나 끝내 성공을 못합니다. 왜냐면 이미 습관이 되었기 때문입니다. 제일 좋은 방법은 지금, 바로 여기서 행동하는 겁니다.

현재에 사는 것에 대한 북한이탈주민 코칭수업을 할 때마다 인용하는 유명한 말이 있습니다.

당신의 과거가 궁금한가요? 그렇다면 현재를 처지를 살펴보면 됩니다.

당신의 미래가 궁금한가요? 그렇다면 현재의 행동을 살펴보면 됩니다.

그렇다면 현재에 집중하고 현재를 충실하게 살 수 있는 방법은 무엇일까요? 앞서 설명한 알아차리기입니다. 늘 과거나 미래로 가려고 하는 자신의 마음을 알아차려서 현재로 돌아오는 것입니다. 이 힘은 성공과 행복을 조화롭게 느낄 수 있는 근원이 되어줄 것입니다.

사례:
힘든 일도 결국 내가 만든 거였어요.

다음은 코칭 수업을 받고 난 뒤 소감을 적은 수기 중에서 인용한 사례입니다.

저는 성격이 남보다 좀 강한 편이여서 남한테서 안 좋은 이야기를 들으면 잘 참지 못하고 어떤 일이 생겼을 때 바로 해결을 하지 않으면 안 되는 성격입니다 그래서 그 문제를 해결 할 때까지 고집을 부리는 습관을 가지고 있었습니다. 그러다 보니 주위 사람들과 갈등도 있었고 스스로도 많이 힘들어하곤 했습니다.

처음에 한국에 와서 심한 우울증을 앓았습니다. 낯선 남한생활하기가 만만치 않아 정신적으로 많이 힘들었습니다. 게다가 취업문제 때문에 갈피를 잡지 못하고 우왕좌왕 하고 있었습니다. 그런 상황에서 북한이탈주민 전문상담사 자격증을 취득하게 되었고, 그 후 북한이탈주민 전문상담실에서 상담사로 일하게 되었습니다. 그러면서 코칭교육을 알게 되었고, 코칭교육을 통해서 제 생활습관이 많이 변하게 되었습니다.

지금은 코칭강의를 들으면서 특히 저의 성격이 많이 변하여 생활에서 많은 도움을 얻었습니다. 다른 사람들과 갈등이 생겼을 때 이전처럼 제 입장에서 해결하려고 끝까지 물고 늘어지는 것이 아니라 협조하고 조정하여 원만히 문제를 해결할 수 있게 되었습니다. 물론 한 번에 그렇게 바뀐 것은 아닙니다. 매번 참으려고 노력하고 긍정적으로 생각하려고 강의시간에 배운 것들을 반복적으로 떠올리고 실천해보고 하였습니다. 그러다 보니 갈등이 일어나는 횟수가 줄어들게 되었고 주변 사람들로부터 칭찬도 듣게 되었습니다.

지금은 정신적 스트레스가 많이 줄어들고 생활이 안정되면서 마음이 안정이 되어 정서적으로도 안정적인 상태가 된 것 같습니다. 코칭 강의시간에 배운 명상을 아침과 저녁에 시간이 날 때마다 실습해보면서 하루를 시작하고 마무리 할 때 여유로운 시간을 갖게 되었습니다.

코칭강의를 통해서 들었던 것을 생활에서 적용하면서 내가 어떤 일을 걱정하고 집착할수록 점점 걱정할 일과 집착할 일이 더 생겨나게 된다는 것을 알게 되었습니다. 그래서 '지금은 힘들지만 시간이 지나면 별일 아닐 거야.' 이렇게 생각하려고 노력했고 긍정적으로 생각하다 보니 어느새 이전과는 변해있는 제 모습을 발견할 수 있었습니다. 제 자신이 이렇게 변하고 주위에 신경을 안 쓰게 되고, 마음이 평화롭고 행복해 졌습니다. 정말 모든 것이 감사합니다. 지금 생각해 보니까 그 힘들었던 게 분명히 있었는데 그런 일들조차 지금의 나를 있게 하기 위한 어떤 체험이라고 생각하고 그 시간을 통해서 내가 여기까지 왔다고 생각합니다. 그래서 많은 코칭시간을 통해 인생이 무엇인가를 알게 되고 살아가는데 필요한 경제적 어려움과 정신적 어려움, 정신적 스트레스를 극복 할 수 있는 힘이 생기게 되었습니다.

현재 두 살짜리 아이를 키우면서 때로는 말을 듣지 않고 장난을 쓰면 욕하기도 하고 때리기도 하였지만 지금은 항상 아이 눈높이를 맞추고 아이가 하고 싶은 일을 하도록 도와주는 엄마의 역할을 잘 하려고 합니다. 일을 하면서 아이를 키우는 게 쉽지는 않습니다. 더 많이 같이 있어주지 못해서 미안한 마음에 투정부리는 아이에게 강하게 대했지만 이제는 사랑하는 마음으로 더 많이 안아줄 수 있게 되었고 긍정적인 말을 많이 해주려고 합니다.

저는 특히 직장 생활에서 큰 변화를 겪었습니다. 주변 사람들에게 너무 달라졌다고 얼굴 표정도 너무 달라지고, 지금은 편안해 보인다고 하고 뭔가 행복하고 평화스럽다는 말을 참 많이 듣습니다. 대인관계와 상하간의 예의를 지킬 수 있도록 많이 배웠으며 밝게 생활하는 것에 대해 배웠습니다. 처음 상담실에서 일하게 되었을 때는 환자들의 고민이 무엇인지를 잘 알지 못하고 환자들이 짜증을 내면 이해하지 못했지만 지금은 상담을 할 때 환자들이 원하는 문제를 정확히 파악하고 그들이 만족을 가지고 병원에서 치료를 받을 수 있도록 도와주고 있습니다. 그러다 보니 업무에서 자신감도 생기고 남을 도와줄 수 있는 원동력을 키우게 되었으며 항상 무엇이든 하면 된다는 의지를 가지도록 하는데 도움이 되었습니다.

제가 지금에 와서 생각 하면, 정말 자살이라도 하고 싶을 만큼 괴로웠던 그때를 생각하면 몸도 아프고 하는 일도 안 되고 모든 일이 불만스럽고 잘 안 돼서 너무도 화가 나 있었습니다. 그렇지만 이것도 결국 다른 사람 탓이 아니라 내가 만들어낸 것이라는 걸 깨닫게 되었습니다. 결국 내 생각만 하나 바꾸고 나면 그것이 더 이상 고통이 아니고 나를 행복하게 해 줄 수 있는 계기가 될 수 있다고 생각합니다. 내 생각이 고통에 잠겨 있으면 결과는 정말 심한 고통으로 남겠지만 내가 정말 생각 하나 바꾸고 나면 그것이 행복으로 축복으로 변한다는 것을 저는 확신합니다. 제가 자꾸 변화가 되고 좋아지는 것이 제 눈으로 계속 확인이 되었기 때문에 코칭교육을 빠질 수가 없었습니다. 자신을 사랑할 수 있게 되었고, 상대방에 대한 배려로 한층 성숙한 인간으로 성장할 수 있는 계기가 되었습니다.

여덟 번째 만남:

잘 안 돼서 자살하고 싶어요!

북한이탈주민들이 코칭 수업에 처음 오면 자주 하는 표현 중 하나가 자살하고 싶다는 말입니다. 얼핏 들으면 놀랍기도 하고 얼마나 힘들면 저런 말을 할 까 하는 생각도 들게 됩니다. 그렇지만 잘 들어보면 그만큼 하고자 하는 의욕이 강하고 그게 생각만큼 잘 안 돼서 힘들다는 얘기인 경우가 많습니다.

이런 경우에는 표면적인 말을 듣기보다는 그 말이 진정으로 의미하고자 하는 것이 무엇인지를 들어야 합니다. 그리고 코칭 대화로 풀어나가다 보면 상대방이 진정으로 원하는 것이 무엇인지 알 수 있게 됩니다.

코칭 수업에서 드디어 북한이탈주민들끼리 코칭 대화를 연습할 단계에 왔습니다. 그 동안 익힌 알아차리기를 기본으로 하여 경청, 질문, 인정과 칭찬의 기술을 활용하여 코칭 대화를 완성하는 것을 연습해 보았습니다. 결국 코치는 코칭 대화를 매끄럽게 잘 할 수 있는 사람입니다. 여태까지 배운 것들은 그 하나하나가 다 의미있는 것들이지만 코칭대화라는 실로 꿰어야만 가치가 더 발휘되는 구슬과도 같습니다.

코칭 대화 모델로는 흔히 GROW 모델을 사용합니다. GROW 모델은 Goal(대화의 목표), Reality(현재 상황과 문제점 인식), Options(대안의 선택), Will(실행)의 앞

글자를 따서 만든 것입니다. 북한이탈주민들은 처음에 코칭 대화를 어떻게 이끌어나갈지 잘 모르는 경우가 많습니다. 이때 GROW 모델을 따라 대화를 진행하면 훨씬 쉽게 이끌어나갈 수 있습니다. 물론 시간이 지남에 따라 익숙해지면 자기 나름의 방식으로 진행할 수 있습니다.

새조위 북한이탈주민코칭센터에서 사용하는 코칭 대화모델은 SHOW(나원목방실)모델입니다. Sharing(나눔), Hope(원하는 것), Objective(목표), Option(방법), Will(실행계획) 의 첫 글자를 따서 만든 모델입니다.

자 이제 코칭 대화 모델을 활용해서 코칭 대화를 본격적으로 해 보겠습니다.

코칭 대화를 쉽게 하려면, 우선 상대방과 라포가 형성 되어야 합니다. 라포(Rapport)는 프랑스어로 '다리를 놓다'라는 뜻이라고 합니다. 즉, 신뢰와 친근감으로 이루어진 인간관계를 말합니다. 상대방과 쌓은 라포만큼 코칭 대화의 내용이 깊어진다고 할 수 있습니다.

라포를 형성하려면 자신의 에고를 내려놓고 상대방을 이해하는 데서부터 시작해야 합니다. 이 부분에 있어서도 알아차리기를 사용하면 라포 형성이 아주 잘 되는 것을 느낄 수 있습니다. 상대방에 대한 어떤 판단이나 선입견이 떠오르면 그냥 알아차리고 지나가게 합니다. 그리고 오직 상대방의 입장에서 상대방 생각을 있는 그대로 수용하면 됩니다.

라포를 형성하는 데 활용할 수 있는 질문들은 다음과 같은 것들이 있습니다.

·오늘 컨디션이 어떠세요?

·최근 기쁜 일이나 슬픈 일이 있었다면 뭔가요?

·제가 축하해드릴 일이 있다면 무엇이 있을까요?

두 번 이상 만난 경우에는 이런 질문들을 할 수 있을 것입니다.

· 그 동안 어떤 새로운 일들이 있으셨어요?

· 지난 만남 이후 가장 큰 성과는 무엇입니까?

· 지난 만남 이후 배운 점은 무엇입니까?

· 실행하면서 힘들었던 점과 생각보다 잘 되었던 점은 무엇인가요?

· 여전히 있는 장애물은 무엇인가요?

물론 앞서 배운 호흡 알아차리기나 감사하기를 같이 하면서 라포를 형성할 수도 있습니다. 실제 같이 호흡을 하게 되면 라포가 더 빨리 형성되는 경우가 많습니다.

이렇게 라포가 형성되고 나면 대화의 주제를 설정하는 단계로 넘어갑니다. 대화의 주제를 설정하기 위해서는 다음과 같은 질문들을 활용할 수 있습니다.

· 어떤 대화를 나누고 싶으세요?

· 오늘 대화의 주제는 무엇이 좋겠습니까?

· 당신이 해결하거나 이루고 싶은 것이 있다면 무엇입니까?

· 현재 당신이 가장 변화시키고 싶은 것은 무엇입니까?

· 지금 이 이슈가 당신에게 왜 중요합니까?

· 이 대화를 통해 당신이 얻고 싶은 것은 무엇입니까?

· 기대하는 목표에서 현재를 볼 때, 무엇이 가장 부족하십니까?

· 해결하고 싶은 최우선 과제는 무엇인가요?

두 가지 이상의 주제를 찾아낸 경우에는 어떤 주제를 먼저 다루고 싶은지를 질문해 봅니다. 코칭은 시간의 제한이 있기 때문에 가급적 시간 안에 원하는 주제를 다뤄야 합니다. 따라서 오늘 가장 다루고 싶은 주제가 뭔지에 대한 질문이 꼭 필요합니다.

이렇게 라포를 형성하고 대화의 주제를 선정하고 나면 본격적으로 목표를 설정하는 단계로 넘어가게 됩니다.

 어떤 상태가 되면 만족하시겠습니까?

대화 주제가 정해지면 원하는 결과, 즉 목표를 찾기
위해 다음과 같은 질문들을 활용할 수 있습니다.

· 어떤 상태가 되면 만족하시겠습니까?

　그것이 왜 중요하고 당신의 삶의 비전과 어떤 관련

　이 있습니까?

· 당신에게 무한한 능력이 있다면(실패하지 않는다

　면) 무엇을 하고 싶으세요?

· 다시 할 수 있다면, 무엇을 바꾸어보시겠습니까?

· 친구가 지금의 문제로 고민한다면, 어떤 아이디어를

　주시겠습니까?

· 원하는 것이 달성되었을 때를 상상해보면 어떤 모

　습, 어떤 기분이 듭니까? 주위 사람들(배우자, 자녀,

　직장 상사, 부하, 친구 등)은 어떻게 반응할까요?

원하는 결과를 명확하게 하기 위한 좋은 방법이 있습니다. 바로 "목표를 한마디로 표현하면 어떻게 될까요?" 하고 질문하는 것입니다.

목표를 정확하게 표현한 한마디 말은 마치 살아 숨 쉬는 듯한 실천력을 갖게 됩니다. 손에 잡힐 듯 명쾌하게 목표를 그려볼 수 있습니다. 말에는 신비한 힘이 있습니다. 말이란 곧 인간 의식의 결정체이기 때문입니다. 목표도 머리뿐만 아니라 가슴으로 확실하게 새겨두는 것이 좋습니다. 목표를 다시 한번 되새기게 하면, 마음속에서 열정의 불꽃이 점화되는 순간을 분명하게 확인할 수 있을 것입니다.

목표를 명확하게 하고 난 뒤에는 목표를 달성했을 때 떠오르는 영상에 대해 느껴볼 수 있도록 "목표가 달성되었을 때를 상상해보면 어떤 모습, 기분이 들까요?" 하고 질문해봅니다. 대부분의 사람들은 말뿐만 아니라 머릿속에 그려지는 '영상'에 의해 움직이는 경우가 많습니다. 목표를 달성했을 때의 상황을 선명하게 떠올리지 못한다면 도중에 목표를 상실할 우려가 있습니다. '목표를 이미지화한다.'는 것은 목표를 향해 달리도록 하는 원동력이 됩니다. 목표에는 그것을 집약하는 간단한 말과 달성도를 명확하게 규정짓는 숫자도 중요하지만, 거기에 더하여 손에 잡힐 듯이 뚜렷한 목표 이미지를 갖게 한다면, 마치 사진을 찍은 것처럼 우리의 기억 속에 생생하게 남을 것입니다. 목표를 달성했을 때의 짜릿한 기분을 이미지화할 수 있다면, 몸은 자연히 목표를 향해 움직이기 시작합니다.

목표가 설정되고 나면 현재의 상황과 문제점(Reality)을 인식하는 질문들을 활용할 수 있습니다. 현재 상태를 정확하게 파악하기 위해 10점 만점에 현재 상태가 몇 점인지 점수로 말해달라고 질문하면 아주 효과적입니다. 점수로 말하게 되면 현재 상태를 보다 정확하게 파악할 수 있을 뿐 아니라 향후 실행 단계에서도 본인이 얼마나 개선되었는지를 명확하게 파악할 수 있기 때문입니다. 비록 주관적인 측면이 강할지라도 어차피 본인만이 알 수밖에 없는 문제이므로 적극적으로 사용할 수 있습니다.

현재 상황을 파악하기 위한 질문은 다음과 같습니다.
· 현재 상황은 어떻습니까?
· 원하는 상태를 10점이라고 할 때 현재의 상태는 몇 점인가요?
· 성취를 가로막는 장애물이나 애로 사항이 있다면 무엇일까요?
· 문제의 본질은 무엇인가요?

· 그 밖에 다른 문제는 없나요?

예를 들어, 체중을 줄이는 것이 대화의 주제인 경우에는 다음과 같이 대화할 수 있습니다.

코치: "체중을 줄인다는 것은 당신에게 어떤 의미가 있나요?"

고객: "다른 사람들을 만날 때 자신감이 더 늘어날 것 같아요. 저는 다른 사람들을 많이 의식하는 편입니다."

코치: "아, 그렇군요. 그럼 원하는 상태를 10점이라고 한다면 현재 상태는 몇 점인가요?"

고객: "한 5점 정도밖에 줄 수 없어요."

코치: "그럼 최소한 몇 점은 되야 만족하시겠습니까?"

고객: "한 8점 정도는 되야 만족할 것 같아요"

코치: "그럼 8점에 해당하는 체중은 얼마인 것 같아요?"

고객: "음, 60kg 이요."

코치: "자 이제 눈을 감고 당신이 원하는 체중 60kg이 된 상황을 상상해 보세요."

"느낌이 어떠세요? 다른 사람들은 어떻게 반응할까요?"

고객: "기분이 참 좋을 것 같아요. 다른 사람들도 무척 부러워할 것 같아요."

이렇게 원하는 목표와 현재 상태를 파악하고 나면 문제를 해결하기 위한 대안들을 탐색하는 단계로 넘어가게 됩니다.

목표를 달성하기 위해 어떤 것을
해 보시겠습니까?

대안(Options)을 찾기 위해서는 가급적 본인 스스로 생각하는 대안을 충분하게 말할 수 있도록 질문하는 것이 좋습니다. 일단 대안을 생각 속에서 꺼내 말로 표현하고 나서 그 대안에 대해 평가하면 비록 자신의 생각이라도 객관적으로 평가할 수 있게 됩니다. 또한 어떠한 대안이 선택되더라도 본인 스스로 만든 대안이기 때문에 실행에 대한 의지가 훨씬 강해집니다.

대안을 찾기 위한 유용한 질문은 다음과 같습니다.
· 그럼에도 불구하고 생각해볼 수 있는 방법이 있다면 어떤 것이 있을까요?
· 존경하는 사람이 조언을 해 준다면 무엇을 해 줄까요?

- 친구가 이 문제를 가지고 온다면 어떻게 말해 줄까요?
- 다른 대안은 없나요?(3개 정도 대안을 찾아봅니다.)
- 목표를 달성하기 위해 어느 것을 가장 먼저 하시겠습니까?
- 이 주제를 보다 단순화(구체화)시킬 수 있겠습니까?
- 단계적으로 해봐야 할 것은 무엇이라고 생각하십니까?
- 이 일을 보다 잘하기 위해 어떤 노력을 해보시겠습니까?

대안을 찾을 때 ERRC를 활용해 볼 수 있습니다. ERRC는 Eliminate(없앨 것), Reduce(줄일 것), Raise(늘릴 것), Create(새로 해야 할 것)의 앞 글자를 따서 만든 것입니다. 대안을 찾을 때 ERRC를 활용하면 조금 더 구체적인 대안들을 찾아낼 수 있습니다. 예를 들어, 체중을 줄이기 위한 방법에서 없앨 것은 야식, 줄일 것은 저녁 식사량과 술자리, 늘릴 것은 공복을 달래기 위해 물 마시기, 새로 해야 할 것은 운동 같은 것을 들 수 있습니다.

실행(Will)은 깨닫거나 결심한 것들을 실제로 실행할 수 있도록 행동 계획을 설계하고 실행에 옮기도록 하는 것입니다.

많은 사람들이 실행에 어려움을 겪습니다. 그것은 어디서부터 손을 대야 할지 막막하거나, 구체적인 실행 계획을 세우지 않았거나, 일정을 잡지 못했거나, 몸이 따라주지 않거나, 점검하는 사람이 없거나 하는 등 여러 가지 원인이 있을 수 있습니다. 실행 부분에서 중요한 것은 구체적으로 언제, 누구와, 무엇을, 어떻게 할 것인지를 질문해서 상대방이 스스로 정하도록 하는 것입니다. 또한 그 진척도를 주기적으로 점검하고 피드백해줄 필요가 있습니다. 이렇게 실행할 수밖에 없는 후원 환경을 같이 만들어야만 합니다. 그렇게 해야만 목표 설정에서 느꼈던 긍정적인 힘을 강하게 받을 수 있고, 아울러 실행하는 행동이 지속적인 변화로 이어질 수 있습니다.

이와 아주 유사한 사례가 있습니다. 바로 피아노 조율 작업입니다. 피아노 조율은 결코 한 번에 끝나지 않습니다. 피아노를 치게 되면 어쩔 수 없이 주기적으로 조율 작업을 받아야 합니다. 피아노를 조율하는 것처럼, 일단 변화가 일어나서 행동을 하게 되면 그것을 다시 강화시켜야 합니다. 헬스클럽 강좌에 겨우 한 번 갔다 오고 나서 "난 이제 완벽한 몸을 갖게 되었어. 아마 평생 건강할 거야"라고 말하는 사람은 없을 것입니다. 행동도 마찬가지입니다. 우리는 성공을 향한 지속적인 행동을 위해 자기 자신을 조율해야 합니다. 그런 조율 작업을 통해 평생 유지할 수 있는 습관의 패턴을 계발해야 하는 것입니다.

실행에 있어서 유용한 질문은 다음과 같습니다.
· 구체적으로 처음 해야 할 행동이 있다면 어떤 것입니까?
· 언제까지 하시겠습니까? 더 앞당길 수는 없습니까?
· 당신이 가장 두려워하는 것(걱정하는 것)은 무엇입니까?
· 이 결과를 얻으려면, 당신의 어떤 부분이 바뀌어야 한다고 생각하십니까?
· 현재 이슈를 해결하는 과정에서 빠진 것은 무엇입니까?
· 누구의 도움을 받으면 더 잘할 수 있겠습니까?
· 언제, 어떻게 점검하면 더 잘할 수 있겠습니까?
· 이 일을 하기로 한 것은 누구의 선택입니까?
· 오늘의 대화에서 가장 유익했던 점은 무엇입니까?

앞서 체중을 줄이는 것이 주제인 대화의 대안 선택과
실행 단계는 다음과 같이 대화할 수 있습니다.

코치: "체중을 줄이기 위해 어떤 방법들을 활용할 수
있을까요?"

고객: "우선은 먹을 걸 줄여야 해요. 특히, 저녁에 먹
는 양이 중요한 데 저녁에 피곤하다 보니 나도
모르게 많이 먹게 되요. 저녁 식사량을 반으로
줄이겠습니다."

코치: "좋습니다. 또 다른 대안은 뭐가 있을까요?"

고객: "운동을 해야 할 것 같아요. 매일 30 분 정도는
걷기 운동을 해야 할 것 같아요."

코치: "좋습니다. 또 다른 대안은 뭐가 있을까요?"

고객: "술자리를 줄여야 할 것 같아요. 술자리에서 살찌
는 것들이 그득해서 술자리를 적게 만들어야 할
것 같아요. 일주일에 두 번으로 줄이겠습니다.

코치: "좋습니다. 3가지 방법 중에서 가장 먼저 실행
할 방법은 무엇인가요?"

고객: "음, 아무래도 식사량을 줄이는 것이 다른 사람
눈치 안 보고 혼자서도 할 수 있는 방법이라 이
것을 제일 먼저 해 보겠습니다."

코치: "좋습니다. 그 방법을 실행하는 데 있어 장애요
인이 있다면 뭐가 있을까요"

고객: "아무래도 식욕이 문제죠. 스트레스를 받으면
뭔가 먹어야 한다는 느낌이 들 때가 많거든요.
이럴 때도 알아차리기가 도움이 되나요?"

코치: "물론이죠. 호흡을 하면서 알아차리기를 하면
충동을 자제하는 데 도움이 됩니다."

고객: "그러면 체중도 줄이고 스트레스 조절 능력도
키우고 1석2조네요."

코치: "고맙습니다. 그럼 식사량을 줄이는 계획을 실
행하면서 어떻게 제게 알려주시겠습니까?"

고객: "매일 실천하면서 실천 결과를 카톡으로 보내드
리겠습니다."

코치: "고맙습니다. 꼭 보내 주세요."

"오늘 코칭 대화에서 어떤 점이 유익하셨나요?"

고객: "체중을 줄이는 계획을 실행할 수 있다는 자신
감이 생겼어요, 고맙습니다."

사례:
내가 정말 하고 싶은 데 잘 안 되니까
죽고 싶었던 거예요.

다음은 코칭 수업을 받고 난 뒤 소감을 적은 수기 중에서 인용한 사례입니다.

제가 한국에 와서 한 3년 넘게 살면서 외로움이라던가, 우울함 그런 게 막 겹쳐가지고 마음이 많이 허전해 있는 상태에서 대학교를 간 거예요. 학교를 갔는데 그우울함이 끊이지 않고 지속되어 정신적으로 많이 힘들었어요. 게다가 경제적인 어려움까지 가중되어서 더 힘들었어요.

딱히 수입도 없고 오직 공부를 해야만 한다는 의무감 때문에 대학에 갔는데 막상 학교에 가보니까 모르는게 너무 많은 현실에 부딪히게 됐어요. 게다가 컴퓨터처럼 다른 학생들은 다 아는데 나만 모르니까 자신감도 없어지고 너무 큰 막연함 때문에 절망에 빠졌어요. 그래서 학교를 안 나가게 되고 '아~. 나는 학교를 그만 둬야겠다, 못 다니겠다.'고 생각하고 '우선 컴퓨터를 배우자' 해서 컴퓨터 학원에 갔어요. 거기서 아는 언니를 만났는데 그때 언니한테 "죽고 싶다", "왜 살지?", "인생의 낙이 하나도 없고 재미도 없고..." 계속 이렇게 얘기 했더니 언니가 저한테 코칭 교육에 같이 가보자고 해서 따라오게 됐어요.

처음 와서 자기소개 시간에 얘기 했는데, 코칭교육을 받는 동기를 말하라고 해서 "현재 나는 정신적으로 불안하고 힘든데, 앞으로 코칭교육을 받으면서 변화되기를 바란다."이렇게 말했어요. 진심으로 생활이 변했으면 하는 마음으로 따라 왔어요. 그래서 한두 번은 그냥 크게 느끼는 것도 없고 했지만 그래도 우리 같은 고향사람들 만나서 한두 마디 고향이야기 하고 듣는 걸로 외로움, 고독함이 조금은 치료가 됐던 것 같아요. 하지만 그 때까지는 인생의 허무함, 절망 이런 거는 치유되지 않았어요.

그렇게 2주 정도 지나서 3주차부터는 코칭 수업에 들어갔을 때 내 마음가짐을 어떻게 해야 하나 많이 생각하게 되었어요. '말의 힘' 동영상을 보고 사람이 사용하는 말의 영향력이 크다는 것을 알게 돼서 긍정적인 말, 좋은 말을 하려고 노력했어요. 그리고 나의 의지를 키우는 것에 대해서는 '솔개 이야기'랑 다른 관련 영상들을 보면서 나약했던 나, 왠지 나의 노력을 거치지 않고 공짜로 얻어가려 했던 이기적인 내가 보였고, '이제 내가 어떻게 해야 되겠다'하는 나의 할 바를 알게 되었어요. 그래서 대학교 가기 전에 초심을 회복하고, 미래에 대한 마음가짐을 새로 할 수 있었어요.

그때 내가 절망하고 우울했던 그 때랑 지금의 나는 다른 세계에 산다고 생각해요. 지금 현재는 좀 힘들고 하지만 과거와는 다른 세상에 산다고 보시면 되요. 절망, 자신감 부족, 인내심 부족 이런 걸 코칭을 통해서 많이 회복을 했어요. 학교도 다시 다니게 됐어요. 돌이켜보면 공부는 잘 하고 싶은 데 기초가 전혀 없고 수업을 따라가기 힘들어서 죽고 싶은 생각이 들었던 거예요.

그리고 이제는 제 꿈에 대해서도 자신 있게 말할 수 있어요. 한번은 코칭 수업 중에 "장래 꿈이 뭐에요?" 라고 물어볼 때 제가 얘기를 안 했어요. 사실은요, 사람은 누구나 꿈이 있잖아요. 그런데 내가 뭐라고 말하면 선생님이 뭐라고 받아들일지는 모르겠지만, 내 꿈에 대해서 비웃지 않을까 하는 생각이 들어서 마음에 있는 생각을 비밀처럼 갖고 있었어요. 그런데 지금은 말할 수 있어요.

내가 대학에서 배운 지식들과 남한에서 배운 하찮은 경험이지만 이런 경험들을 나중에 통일이 되면 북한 주민들한테 전수해서 앞으로 더 빨리 통일사회를 만드는 데 조금이나마 동참하고 나의 노력을 바쳐보고 싶은 생각이 있어요.

제가 어렸을 때 중학교라던가, 지금 30살 이상의 언니들은 다 제대로 배웠을 거예요. 그런데 저희 때에는 고난의 행군 때문에 중학교 공부를 제대로 배우지 못해서, 한글 철자법도 다 틀리고 그렇더라고요. 대학에 왔는데 한글 철자법도 모르는데 어떻게 대학 수업을 들을 수 있겠어요. 저도 너무 안타까운 현실을 생각하면서, 제가 어렸을 때, 중학교 때 생각하면 만약에 통일이 되면 내가 우리 어린 학생들이 공부하는 것을 도와줄 수 있으면 좋겠다고 생각 했어요.

저는 북한에 가면 전공이 중문학과니까 두 나라 언어의 이질성 완화와 동질성을 회복하는데 도움이 되고 싶어요. 제가 하고 싶은 것이 그 일이고, 그와 더불어서 중국어학문 외적으로 제가 남한사회에서 경험한 것들을 북한 아이들에게 설명해줄 수 있잖아요. 전업 외에 부업으로도 할 수 있고요. 만약에 통일이 되면 내가 북한에 가서 할 수 있는 일이 그런 일인 것 같아요.

난 행복하면 안 돼요 |

새로운 도전:

북한이탈주민 코치들의 코칭 수기

북한이탈주민에 대한 코칭 프로그램은 2010년부터 시작되었습니다. 시작이 되자마자 뜨거운 호응을 받기 시작해서 열심히 준비하고 노력한 끝에 2012년에는 한국코치협회로부터 KAC 인증코치 자격을 부여할 수 있는 기관으로 인증을 받았습니다.

다시 말해서 새조위는 북한이탈주민에 대해 코칭교육도 실시하고 전문코치 자격 중 KAC 자격을 직접 수여할 수 있게 되었습니다. 현재 3명의 북한이탈주민 출신 코치가 배출되었습니다. 이 사람들은 북한이탈주민 출신 코치 1호, 2호, 3호가 되는 것입니다. 그리고 이 코치들은 남한에 와 있는 약 2만 7천명의 북한이탈주민들을 코칭을 통해 도와줄 수 있게 됩니다. 그리고 이어서 북한이탈주민 출신 코치들이 계속 탄생하게 될 겁니다.

지금부터는 이 사람들이 코칭 수업을 받고 실제로 다른 북한이탈주민들에게 한 코칭 내용 중 일부를 소개하고자 합니다. 그 동안의 수기들은 북한에서 고생한 내용이나 코칭 수업을 받으면서 자신들이 변화한 내용들이라면, 지금부터는 자신이 코치가 돼서 다른 북한이탈주민을 코칭한 내용들입니다.

끝까지 읽어보면 왜 북한이탈주민들이 코칭을 받아야 하는 지에 대한 의문점들이 풀릴 것입니다. 즉, 대다수

많은 북한이탈주민들의 실제 생활은 너무 힘들어서 코칭과 같은 따뜻하고 애정 어린 관심이 필요합니다.

거절도 잘 해야 한다는 것을 깨달았어요.

저는 새조위에서 설치한 북한이탈주민 의료지원센타에서 탈북자들을 상담하는 일을 하고 있습니다. 하루는 같은 고향 고등학교 선배인 언니가 상담실 문을 열고 들어 왔습니다.

항상 환하게 웃으며 이야기도 잘 하던 언니가 오늘 따라 울상이 되어 얼굴에 미소도 없이 어깨가 축 처져 있는 모습을 보니 내 마음도 울적해졌습니다.

왜 그렇게 기분이 나쁜지 물어보니 이야기를 시작했습니다.

코치: 언니, 무슨 일이 있었어요?
언니: 같은 아파트에서 살고 1년 동안 친하게 지내고 있는 친구가 최근 들어 돌변했어.

코치: 친구가 어떻게 돌변 했는데요?

언니: 친구가 다단계에서 파는 약을 사라고 우리 집에 가지고 왔었는데 내가 그 약을 사지 않았어. 그랬더니 그 이후로 친구가 구청에 나를 신고했어.

코치: 아니 약을 사지 않았다고 신고 할 수는 없잖아요...

왜 언니를 신고했는지좀 더 구체적으로 얘기해 주세요.

언니: 사실은 말이야, 친구가 다단계 약품 회사에 일을 하는데 약 값이 240만원 이래. 그런데 회사에서 본인이 먼저 구입을 하고 다른 사람에게 약을 팔면 팀장으로 승진시켜준다고 했대. 그래서 그 약을 자기가 먼저 구입했다는 거야.

그리고 나서 그 약을 가지고 자기랑 제일 친한 나한테 온 거야. 그리고 나에게 약을 사라고 하는 거야.

내 마음 같아서는 친구 부탁인데 들어주고 싶었지만 내가 그렇게 비싼 약을 사 줄 수 있는 형편도 아니고 내 딸도 너무 비싸다고 반대를 하니 좀 더 생각을 하게 됐어. 생각 끝에 아무래도 다단계 약품은 믿을 수도 없고 내 형편도 안 돼서 거절을 했어.

코치: 언니 그 약을 사지 않고 거절한 건 잘한 일이에요, 그래서 어떻게 됐어요?

언니: 내가 그 약을 사지 않겠다고 하니 구청에 내가 수입이 있는데도 불법으로 생계비를 타고 있다고 신고 했지 뭐니.

코치: 언니가 몸이 좋지 않아 일을 하지 못하게 돼서 생계급여를 받는 거잖아요?

언니: 내가 몸이 좋지 않아 병원에서 진단서를 받아 제출해서 생계급여가 나오는거 맞지.

근데 그 진단서를 그 친구가 소개시켜준 병원에서 떼게 되었고 그 병원에서 허위로 진단서를 떼어 주었다고 구청에 신고 한 거야.

코치: 언니 참 많이 속상했겠네요. 그때 언니 심정은 어땠어요?

언니: 참 속상했지. 글쎄 그 친구가 이렇게 얘기를 하는 거야.

"내가 제일 믿었던 친구가 어떻게 이렇게 내 마음도 몰라주니? 내가 소개시켜줘서 근로능력 평가용 진단서를 떼서 지금까지 생계비를 탔는데 그 은혜를 잊은 거야?"

이렇게 말하면서 화를 있는 대로 내면서 구청에 고발을 하겠다고 협박까지 하는 거야.

그로부터 얼마 지나지 않아 다시 우리 집에 친구가 또 찾아와 이야기를 하다 감정이 격해져서 서로 싸우고 때리고 소란을 피워서 경찰도 출동하고 아파트주민들이 나오면서 창피를 당하고 일이 마무리 되었어.

언니: 지금도 그때 일을 생각하면 창피를 당해 집 문 밖에도 나가기 싫고 그렇게 친하게 잘 지내오던 친구랑 지금 이 상황까지 오고 나니까 죽고 싶은 생각만 들어...

코치: 언니 그 동안 마음고생 많았겠네요...

언니: 안 그래도 한족 신랑을 한국에 데려왔는데 신랑이 한족이라 일도 하지 못하고 있고 우리 딸은 또 여기에 적응을 잘 못해서 속상하고 그나마 내가 조금씩 아르바이트를 하고 있었는데 이번 일로 출근을 하지 못하니 내가 속이 까맣게 타 들어 갈수밖에 없잖아?

코치: 언니 상황도 정말 딱하다...많이 힘들었겠네요...

언니: 너무 속상한데 어디 말할 곳은 없고 너한테 말하면 위안이 될까 싶어서 찾아 왔어.
그래도 너한테 속 시원히 이렇게 말이라도 하니 답답하고 숨이 막히던 마음이 조금은 풀리는 것 같다..

난 행복하면 안 돼요

코치: 그래요 언니 잘 왔어요~

언니: 내가 정말 친구를 잘 못 만나서 이런 상황 까지 온 것 같아.

코치: 언니, 일단 지나간 일에 대해서는 생각 하지 말고 지금은 속상하더라도 시간이 지나면 언젠가는 좋은 일이 있을 거예요.

지나간 일은 잊어버리고 이제부터라도 당하지 않고 잘 하려면 어떻게 하면 좋겠어요?

언니: 글쎄, 거절을 할 때도 내 힘든 사정을 잘 설명해야 할 것 같아. 나는 정말 형편이 안 돼서 못하는 건데 말이야.

코치: 언니, 맞아요. 우리 북한이탈주민들이 경제적으로 궁하다 보니 급하면 친한 사람 먼저 찾게 되는 것 같아요.

그럼에도 불구하고 서로의 사정을 이해할 수 있도록 충분하게 설명해 주는 게 필요할 것 같아요. 오늘 저와 코칭 대화를 하면서 어떤 점이 좋았어요?

언니: 너랑 얘기하다 보니 마음이 정리가 돼서 좋았어. 그리고 앞으로 거절을 할 때 상대가 섭섭하지 않게 충분히 설명해 줄 필요가 있다는 것을 깨달은 것 같아.

언니는 조금은 가벼워진 마음으로 집으로 돌아갔습니다.

몇 주 후 언니가 다시 상담실에 찾아왔습니다. 예전의 밝고 건강했던 언니의 모습으로 돌아가 웃고 있는 언니를 바라보니 내 마음도 편안해 졌습니다.

🪴🪴🪴 코칭으로 오해를 풀어줬어요.

오늘은 내가 얼마 전에 알게 돼 친구처럼 지내는 언니가 갑자기 전화가 와서 자기 집에 나를 초청 한다는 것이었습니다.

전화로 들려오는 목소리가 너무 침울하고 울먹이는 소리여서 나는 무슨 일이 있냐고 물으니 언니가 한숨을 길게 쉬더니 만나서 얘기하자고 하면서 빨리 오라고 하며 미칠 것 같다는 것이었습니다.

내가 집으로 찾아가니 언니는 몇 달 전에 만났을 때와는 달리 침울하고 많이 야윈 몸에 수척해진 얼굴로 나를 반기었습니다. 워낙 성격이 활발하고 명랑하던 언니가 갑자기 이런 모습으로 변해서 난 조금은 당황해 하면서 무슨 일이냐고 물었습니다.

언니: (갑자기 엉엉 울면서 하소연 하듯이) 남편과 더는 못살겠어, 저 인간 도저히 이해를 못하겠다고, 여태껏 참고 살았는데 이제는 더 이상은 안 돼, 그런데 어쩜 좋지? 아기가 생겼어, 난 어쩜 좋아, 하루하루 미치겠어, 오늘은 중절 수술하러 병원까지 가서 예약하고 왔더니 너무 우울해서 널 불렀어, 너하고 얘기하면 좀 나아질까 싶어서.

코치: (언니의 손을 꼭 잡으면서) 그래, 언니가 지금 많이 힘들구나, 근데 뭣 땜에 제일 힘들어? 그 원인이 뭐라고 생각해? 흥분하지 말고 천천히 얘기해 봐, 언니가 지금 울면 아기도 건강에 안 좋고 언니도 건강에 안 좋아.

언니는 조금은 진정된 듯 울음을 그치고 차근차근 설명해 주었습니다.

언니: 너도 알고 있지만 우린 올해까지 결혼 11년차야, 그런데 이제야 나 임신했어, 나는 솔직히 나이가 있으니 노산이 두려워 처음엔 당황했지만 그래도 우리의첫 아기라서 그런지 너무 기뻐, 근데 너의 형부는 기뻐하기는 고사하고 요즘엔 더욱더 밖으로 나돈단다, 임신 땐 누구나 다 좋아

하고 남편한테 사랑 받고 싶고 시집에서도 인
정받고 싶고 그렇지 않니? 난 부모형제도 없는
이 땅에 와서 남편 하나 바라보고 사는데 저 인
간이 저렇게 맨 날 놀러 다니고 술집만 다니고
하니 난 어떻게 하면 좋으니? 오늘은 병원 가
서 중절 수술 예약도 하긴 했다만 우리 아기 너
무 불쌍해서 어쩌니?

참으로 같은 여자로서 너무 공감이 가고 안타까운 일
이었습니다.

코치: 그래, 언니 그 동안 혼자서 얼마나 힘들었었어?
왜 나한테 연락 안했어, 언니가 임신인줄 알았
으면 축하 꽃다발이라도 가져 올 건데, 어쨌든
늦었지만 진심으로 임신 축하해요, 꼭 언니 닮은
예쁜 아기 낳을 거예요.

언니 : (그랬더니 언니가 순간적으로) 애, 날 닮으면 어
떻게 하냐? 너의 형부 닮아야지, 인물은 너의 형
부가 낫다야~

그 말에 언니와 난 갑자기 와하하 하고 웃음보를 터뜨
렸습니다.

코치: (잠시 후) 언니는 지금 어떤 상태가 되면 만족하
겠어?, 내가 어떤 말을 하면 언니의 속이 후련

해질까?

언니: (약간 반색해 나서면서) 음, 나도 잘 모르겠어, 어쨌으면 좋을지, 그래서 널 부른 게 아니냐?, 넌 코칭도 배운다니 너라면 이 문제를 해결해 줄 수 있지 않을까 싶어서, 너의 의견을 좀 말해다오.

코치: 언니! 나의 의견을 물론 말할 수 있지만 그래도 한번 나랑 코칭대화처럼 해보면서 문제를 해결해보다가 그래도 정 안 된다 싶으면 나의 의견을 말할게, 어때?

언니 : 좋아, 어떻게 하면 되니?

나는 그냥 내가 하는 물음에 언니의 마음속 그대로 이야기만 하면 된다고 말하며 지금의 감정을 솔직하게 신중하게 생각하면서 말해보라고 했습니다.

코치 : 누구한테 심문받는다고 생각지 말고 자기 자신에게 말하는 것처럼, 절대 비밀은 보장되니 마음을 푹 놓고 얘기 해 봐, 그럼 다시 아까로 돌아가서 언니는 지금 어떤 상태가 되면 만족하겠어? 또 어떤 결과가 있기를 바래?

언니: (잠시 생각을 하더니) 난 큰 것도 안 바래, 다만 남편이 아기를 좋아했으면 좋겠고 밖에 나돌지 말고 나랑 아기랑 함께 태교도 받고 맛있는 것

도 먹으면서 행복하게 살았으면 좋겠어.

언니는 또 다시 눈물을 흘리는 것이었습니다.

나는 가슴이 너무 아프고 뭔가가 칼로 찌르는 것 같았습니다. 그 남편이 지금 눈앞에 있다면 욕이라도 막 퍼부었을 것 같은 심정이었습니다. 하지만 난 바로 내가 너무 깊이 공감한다는 것을 알아차리고 진정한 후 다음 질문을 했습니다.

코치 : 형부가 혹시 아기를 좋아하지 않는다고 언니한테 말한 적이 있어요? 아니면 언니의 느낌이 그래요?

언니 : 음~, 형부가 직접 말한 적은 없고 다만 맨 날 밖에 나가니까 아이를 좋아하지 않는 게 아니고 뭐냐? 말을 안 해도 여자들의 직감으로 알 수 있어! 넌 아직 신혼이니 잘 모르겠지만 너도 나만큼 살아봐라, 이 언니 말을 다 이해 할 때 가 있어.

언니는 당연한 걸 묻는다는 듯이 약간 언성을 높여 말했습니다.

난 순간 당황했지만 마음을 가다듬고 웃으면서 말했습니다.

코치 : 그래 그치, 나야 잘 모르지. 언닌 살아온 세월이

얼만데, 결혼생활이야 언니가 훨씬 선배지, 하지만 언니 이렇게 생각해본 적이 있어, 형부의 진짜 속은 그렇지 않을 수도 있지 않을까? 직접 말로는 표현을 안 했으니까 속으로 아기를 엄청 사랑하지만 표현하기가 조금은 부끄러워서 그럴 수도 있지 않을까? 형부가 아직은 나이도 어리고 한참 친구들이랑 놀러 다닐 나이잖아, 언니가 누나니까 조금은 더 깊이 생각해보면 형부가 진짜 언니를 사랑하는지 아닌지를 알 수 있을 것 같은데, 언니 생각은 어때?

언니: (아까보다는 조금은 평온을 찾은 듯 잠시 말을 잊지 못하더니) 그럴 수도 있겠다. 너의 형부는 원래 표현에 너무 약한 사람이지, 그럼 나의 혼자 생각 이었을까? (잠시 후) 그렇지만 밖에 나가서 맨날 술 먹고 놀고, 임신한 와이프가 집에 있는데 살 사람이면 그러겠어? 이건 나랑 살기 싫다는 말이나 다름없어, 난 이혼할 거야, 아기도 지워서 그 인간 평생 가슴 아프게 만들 거야.

나는 초심을 잃지 않고 다시 말했습니다.

코치: 언니가 만약에 원하는 것이 그것이라면 눈을 감고 상상해봐, 언니의 말대로 이혼하고 아기는 없애고, 언니의 먼 미래의 모습을 …

언니는 잠시 눈을 감고 내가 하라는 대로 속으로 자기를 그려보았습니다.

잠시 후 내가 물었습니다.

코치: 어때? 언니가 원하는 대로 다 이루어져서 행복했어? 만족했었어?

이 말에 언니는 갑자기 아까와는 달리 서글픈 표정을 지으며 말했습니다.

언니: 아니, 하나도 안 행복했어, 오히려 지금보다 더 힘들 것 같아, 휴 왜 이럴까?

코치: 음, 언니가 진정 원하는 것이 무엇인가 잘 생각해 봐, 그리고 그것을 얻기 위 해 어떤 노력을 했어?, 그 중 제일 많이 인상에 남는 것이 있다면 세 가지 만 말해봐

언니: 굳이 세 가지까지는 없는 것 같고 남편과 대화를 하려고 많이 노력했어, 근데 그럴 때마다 그 사람은 날 피했고 난 또 남편이 밖에 자꾸 나가지만 잔소리만 하면 더 싫어할 것 같아서 단 한 번도 얼굴 찡그리지 않고 큰 소리 한번 안치고 돌아오겠지 하고 기다렸었어, 근데 남편이 밖에 여자가 있는지 그게 더 의심스럽고 불안해서 요즘은 잠이 안 와, 밤엔 잠도 안 오고 그 생각만 하

면 죽고만 싶어.

난 이 상황이 보통 상황이 아니라고 생각하고 이렇게는 안 되겠다고 결심하고 이 가정을 내가 배운 코칭의 힘을 빌려서 살려야겠다고 결심하였습니다.

코치: 언니가 지금은 너무 힘든 것 같으니 오늘은 이만하고 내일 다시 이야기해요.

그러자 언니는 속에 있는 말을 다 쏟아놓으니 속이 시원하다며 저녁에 집에 가지 말고 친구해달라고 하는 것이었습니다. 난 어쩔 수 없이 언니와 함께 있기로 하였습니다.

다음 날 아침, 두 눈이 퉁퉁 부운 얼굴로 언니는 나랑 대화를 나눴습니다.

어제 밤 들어오지 않은 형부를 의식하며 이런 저런 얘기를 나누는데 형부가 콧노래를 부르면서 아무런 일도 없다는 듯이 들어오더니 왜 왔냐고 의아한 눈빛으로 나를 쳐다보는 것이었습니다.

나는 그러는 남편 분이 조금은 미운 마음이 들었으나 마음을 가라앉히고 표정관리를 하고 웃으면서 말했습니다.

"밤새 뭐 하다가 인제 오셨어요? 언니가 많이 기다렸어요."라고 말하면서 눈짓으로 언니를 위로해 주라는 뜻을 전했습니다.

그랬더니 형부는 어제 가게에 늦게까지 손님이 있었

고 끝나서 전철은 끊기고, 택시비는 아깝고, 그래서 찜질방에서 잤다고 하며 능청스레 언니의 배에 뽀뽀를 하고는 좀 씻고 자다가 출근하겠다는 것이었습니다.

나는 이 상황이 조금은 의아하기도 하고 언니가 말하는 것이 전부가 아닌 것을 느꼈고 그로 인하여 잠시나마 편견을 가지고 형부를 생각했다는 것이 너무 부끄러워졌습니다.

코칭을 배웠다는 사람이 잠시나마 한 사람의 말만 듣고 편견을 가졌다는, 그 자체가 아직은 멀었구나 하는 생각과 함께 이 가정을 내가 어떻게 해볼 수 있겠구나 하는 확신이 막 생겼습니다.

그래서 난 언니보고 내가 형부랑 이야기를 하고 다시 언니랑 대화를 하자고 말하고 형부를 따라 나서 그가 일하는 일터까지 가서 몇 시간을 기다려 그의 이야기를 들었습니다. 그러면서 언니의 마음도 전해주면서 문제점과 함께 많은 것을 느꼈습니다.

우선 나는 그 남편과의 대화에서 이 부부간에 한국어와 중국어를 사용하면서 서로 언어가 잘 통하지 않는다는 것을 알았습니다. 그렇기 때문에 서로의 마음과 감정들을 상대에게 잘 전달하지 못해서 더욱더 갈등이 생기고 그로 인하여 대화를 피하게 되고 의심을 쌓게 되었다는 것을 알게 되었습니다.

그는, 자기는 처음엔 민족은 다르지만 서로 사랑하면 생활습관이라든지 언어는 얼마든지 극복할 수 있고 서로의 마음을 눈짓 하나만으로도 얼마든지 알 수 있을 것이라고 생각했었다고 합니다. 하지만 10년을 살아도 아내와 자기 사이엔 아직도 소통이 잘 안되고 무엇인가의 큰 벽이 있다고 하는 것이었습니다.

그래서 내가 질문했습니다.

코치 : 그렇다면 그것을 극복하기 위해 어떤 노력을 해보셨어요? 또 그 노력들의 결과는 어떠셨어요?"

남편 : 내 속마음을 아내에게도 말 못했는데 괜찮아요? 중국어로 말해도 마지막까지 들어줄 수 있어요?

코치 : 나는 중국어가 능숙해서 다 알아들을 수 있으니 걱정 말고 또 부담 없이 속을 다 털어 놓으세요. 절대 비밀이 보장되니까 속 시원히 다 말해보세요.

그는 속을 털어놓기 시작했습니다.

남편 : 나는 나름대로 아내와 소통을 더 잘하기 위해 어려운 한글 공부도 해보았어요. 언니가 좋아하는 음식도 입맛엔 안 맞아도 같이 먹으려고 노력했고요. 나는 집안에서 대대로 내려오는 3대 독자이므로 부모님들이 자식을 일찍 낳았

으면 하고 바라셨는데, 언니가 원하지 않아서 아이가 필요 없다고 말했어요.

(한 숨을 내 쉬며) 그런데 그런 내 마음은 전혀 몰라주는 아내가 야속해요.내가 왜 낯 설고 물 설은 이 한국에 왔겠어요? 다 아내를 사랑해서 큰 용기를내서 왔는데 뭐가 부족한지 요즘엔 점점 더 짜증만 늘어가요.

나는 우선 그 사람의 이 모든 행동에 대해 이렇게 칭찬을 해주었습니다.

코치 : 참 대단하다 진짜 멋지세요. 다른 사람들은 그렇게 하기 못하는 데 형부 같은 사람과 함께 사는 언니가 진짜 부러워요.

남편: (매우 기뻐하며) 아내가 그렇게 생각했으면 좋겠어요. 어떻게 하면 지금 저 삐뚤어진 마음을 바로 잡을 수 있을까요?

코치: 우선 형부의 이 마음을 언니가 알 수 있게 자기를 표현을 해 주세요. 내가 통 역을 도와줄게요.

나는 그에게 언니와 대화를 통해 마음을 나눠보는 것이 어떠냐고 제안을 했습니다.

그리하여 우리는 세 명이 앉아서 이야기를 시작하였고 두 사람의 말을 서로에게 전달하며 그들의 그 동안 쌓였던 이야기로 하루를 보내게 되었습니다. 나는 이날 나도 모르게 조금은 뿌듯한 마음으로 두 사람을 서로 이해하고 행복할 수 있는 길에 조금이라도 도움이 되었다는 기분, 하지만 조금은 또 코치인지 통역관인지 약간은 헷갈릴 정도였습니다. 그럭저럭 이야기를 다 마치고 난 언니에게 다시 물었습니다.

코치: 언니, 지금은 기분이 어때, 아직도 형부가 아기랑 언니랑 사랑하지 않는다고 생각돼? 아직도 처음처럼 이혼도 하고 싶고 유산도 하고 싶어?

언니: (활짝 웃으면서) 내가 바보냐? 여태껏 형부의 마음을 몰라서 그런 것이지 진심은 아니었다고, 미운 정 고운 정 다 들었고 산 세월이 얼마냐?, 어쨌든 고마웠다. 너 아니었음 우리 큰 일이 날 뻔했다.

나는 기쁜 마음으로 집으로 돌아와 비록 코칭에서의 기본을 다하지는 못 했지만 그 결과는 좋았다고, 오늘도 수고했다고 자신을 위로하며 코칭일지를 써내려갔습니다. 며칠 후 언니한테서 연락이 왔는데 임신사실을 시집 쪽에서 알고 너무 기뻐하며 중국에 들어오라고 하여 중국에 가서 몸조리를 하고 애도 낳고 오겠다는 것입니다. 여기에 있어봐야 산후조리를 해줄 사람도 없는데 잘 됐다고 나는 기뻐하며 중국에 가서도 전화를 자주 하고 우울 할 때, 또 말하고 싶은데 말 할 사람이 없을 때도 전화하면 내가 다 들어주겠다고 하면서 축하해주었습니다. 그 후에도 종종 전화 통화도 하지만 지금은 많이 마음의 평정을 얻은 듯 합니다.

　나는 오늘 이 하나의 사연을 적어보면서도 느낀 것이 내가 얼마나 중요하고도 멋진 공부를 하게 되었는지를 다시 한 번 깨닫게 되었으며 우리 탈북자들이 알게 모르게 이러한 일들을 많이 겪고 있으리라는 것을 생각해 보니 이런 사람들을 더 많이 도와주어야겠다는 생각을 하게 됩니다.

새로운 인생목표 설정을 도와주었어요.

오늘 코칭을 하는 L을 처음 알게 된 것은 북한학을 전공하시는 박사님을 통해서입니다. 지인의 부탁으로 두 번에 걸쳐서 박사님의 인터뷰에 응했습니다. 박사님은 인터뷰 도중에도 취재와는 전혀 상관없는 나의 대학교 진학 동기에 대해서 물으시면서 일관된 표정으로 탈북자들의 고민거리 하나하나 함께 나누려고 애쓰셨습니다. 이런 박사님의 인간미에 매료되어 나는 그냥 나의 대학진학동기에 대해 있는 그대로 말씀드렸고 북한인권과 관련해서도 많은 이야기를 나눌 수 있었습니다. 그렇게 박사님과의 인연은 시작됐고 어느 날 밤늦게 한 통의 전화가 걸려왔습니다. 미안해하시는 박사님의 상냥한 목소리 너머로 한 여인의 목소리도 가늘게 들려왔습

난 행복하면 안 돼요 |

니다. 박사님은 한국에 입국한지 얼마 되지 않은 새터민을 인터뷰 하시던 중에 부탁할 것이 있어서 전화했다고 하시면서 L이 대학교 진학을 고민하고 있는데 원서접수부터 시작하여 자기소개서 등 지원 서류절차에 대해서 L에게 도움을 줄 수 있냐고 물으셨습니다. 나는 흔쾌히 수락했고 L의 전화번호도 넘겨받았습니다. 바쁘다는 이유로 몇 주가 지나서야 그를 만날 수 있었고 그가 궁금해 하는 모든 것을 아낌없이, 내가 아는 선에서 도움을 주리라 마음먹고 약속 장소로 나갔습니다.

처음 만나 서먹서먹한 우리는 먼저 고향이 어디냐, 나이는 몇 살이냐는 식으로 첫 인사를 떼었습니다. 인사를 나누던 중 나와 동갑내기라는 사실에 우리는 서로가 너무 반가웠고 짧은 시간 안에 친해질 수 있었습니다. 그가 궁금해 하는 것들을 이것, 저것 알려주면서 나는 그에게 서로 동갑이니 말을 놓고 편하게 대화를 하자고 제안했습니다.

하지만 그는 좀 더 친해지면 말은 놓겠다고 나의 제의를 정중하게 거절했습니다. 나는 그가 좀 더 편한 마음으로 대화할 수 있도록 기다리려고 생각했습니다. 그러면서 탈북 경위와 제3국에서의 체류과정 등을 물어보면서 대학진학 동기와 전공 선택에 대해서 물어보았습니다. 그는 경영학과에 가고 싶다고 하면서 사실은 본인이 경영학과에 별 관심이 없다고 솔직한 심경을 털어 놓았습니다. 나는 여기서 그의 대학진학에 대한 목표와 전공 선택에 있어서의 어려움과 문제점을 발견했습니다. 물론 이것은 나의 판단입니다. 코칭에서 판단은 금물이었습니다. 나는 이런 나의 판단을 내려놓고 그의 고민과 문제점을 함께 해결하기 위해서 코칭을 위한 상담을 정중하게 제의했습니다. 그는 약간 당황스러워 하면서도 흔쾌히 허락했습니다. 그의 요청으로 이하 코칭 내용에 서술된 명칭은 가명으로 합니다.

코치: 적은 나이도 아닌데 대학진학을 하게 된 계기가 있나요?

고객: 북한에 있을 때부터 가고 싶었죠. 실은 제가 중학교를 졸업하고 청진 제2사범대학교에 합격했었어요. 그 때는 고난의 행군 시기라 당장 입에 풀칠도 못하는 데~~~ 그냥 포기 했죠.

코치: 와 정말이요? 대단하세요!!! 저의 외사촌언니도 청진 2사범대학교를 졸업해서 제가 엄청 부러워 했었거든요.

고객: (미소만 짓는다.)

코치 : 경영학과를 원하시는 어떤 계기라도 있나요?

고객: (잠시 망설이더니...) 실은 저 경영학과가 뭔지도 모르고 그냥 경영학과를 나오면 취직도 잘된다고 하고 월급도 다른 학과 전공자보다 더 많이 받을 수 있다고 해서.. (말끝을 흐린다.)

코치: 그럼 혹시 가고 싶은 학과나 본인이 잘 할 수 있는 게 뭐죠?

고객: 음.. 저는 북한에서 간호사를 오랫동안 해서 혈관주사 놓는 거는 눈 감고도 하구요. 그래서 그거를 하고 싶고 또 제일 잘 할 수 있긴 한데~~ 남한에 왔으니까 돈 벌어야죠. 근데 좀 걱정이긴 해요.

경영학과는 주로 뭘 배워요? 영어로 수업을 한다고 들었는데...

이상의 내용에서 그는 남한에 왔으니까, 돈을 벌어야 되니까, 라는 생각으로 본인의 의지와 전혀 상관없는, 또 별로 하고 싶지도 않은 경영학과 지원에 대한 고민을 하고 있음을 알 수 있었습니다. 따라서 나는 그가 고민하는 진로선택의 문제점을 코칭내용의 주된 목표로 삼았습니다. 그리고 본인도 어떻게 해야 할지를 고민하여 우리는 이것을 코칭내용의 주된 목표로 삼기로 합의했고 함께 모색해보기로 했습니다.

코치: 그럼 당신이 만약에 좋아하는 일을 하기 위해서 전공을 선택한다면 뭘하실 거예요? 의사? 아니면 간호사?

고객: 의사는 너무 어렵고 간호사를 하고 싶어요.

코치: 정말이요? 그럼 행복할 것 같나요?

고객: 네 돈 안 따지면 제가 하고 싶은 일을 해서 행복할 것 같아요.

코치: 자, 그럼 눈을 감고 10년 후에 간호사가 된 자신을 떠 올려보시겠어요?

(L은 눈을 감고 상상에 잠기더니 잠시 후 눈을 뜬다.)

코치: 어때요?

고객: 10년 후에 간호사가 돼서 취직도 하고 즐겁게 일하는 제 모습을 그려 보니 너무 뿌듯하네요.

코치: 경영학과 선택 안한 거 후회 안 하시겠어요?

고객: 아니요. 별로 관심도 없는 경영학과를 선택했더라면 후회했을 것 같아요.
내가 어떤 일을 하고 있을 지 상상도 안가는 데요.

코치: 그럼 대학교를 졸업한다는 것이 당신 삶에 주는 의미는 무엇인가요?

고객: 북한에서 가지 못한 대학을 남한에 와서 늦은 나이지만 그래도 졸업을 한다면 전 평생소원을 이룬 것 같고 그럼 더 열심히 살 것 같아요.

코치: 그럼 그것을 이루기 위해 무엇을 해보셨나요?

고객: 아직 뭐를 어떻게 해야 할지 모르겠고 해서 일단은 컴퓨터 학원 다니고 있어요.

코치: 대학교에 합격하기 위해 본인의 어떤 노력이 필요 할까요?

고객: (천장을 올려다보더니)음~ 일단은 영어? 뭐부터 해야 되죠?(나에게 반문)

코치: 그럼 저의 의견을 좀 말씀드려도 될까요?

(L의 동의하에)

영어는 필수이기 때문에 영어 학원이랑 간호조무사 학원을 미리 다녀서 먼저 예습하는 건 어때요? 간호학과 진학에 도움이 될 수 있는 자격증도 따고~~

고객: 아! 그런 방법이 있었네요. 간호조무사 학원은 어디서 어떻게 등록을 해야 돼요?

내가 영어 학원과 간호조무사학원 등록을 위해 방법과 절차를 설명해 준 후에 다시 질문을 이어 나갔습니다.

코치: 이 문제 해결을 위해 본인의 가진 장점은 어떤 것이 있을 가요?

고객: 음~ 제가 끈기 하나만은 있거든요. 영어학원은 끈기로 밀고 나가야죠. 글구 간호조무사 학원은 그래도 제가 경험이 있어서 좀 쉽지 않을 가요? (그가 웃는다.)

코치: 현재 만족도에 점수를 매긴다면 10점 만점에 몇 점이라고 할 수 있어요?

고객: (잠시 망설이더니) 그래도 오늘 진로선택에 있어서 고민거리 해결했으니까 한 5점? (나를 보며 의미심장한 미소를 짓는다.)

코치: 정말이요? 그럼 앞으로의 목표는 몇 점이세요?

고객: 당연히 10점이죠.

코치: 그럼 그 목표를 이행하기 위해서 어떤 지원이 필요해요?

고객: 저 많이 도와주세요. 저 모르는 거 아무 때나 물어봐도 돼요?

코치: 그럼요. 언제든지, 아무 때나 물어보세요. 그리고 우리 자주 만나요~~~

참~ 당신이 계획들을 실행했다는 것을 제가 어떻게 알 수 있을 가요?

고객: 뭐 가끔씩 만나기도 하고 톡으로 우리 친해져요.

그와의 코칭을 마치고 다음 세션을 기약하면서 처음 만났을 때의 근심 가득한 표정이 아닌 한결 밝아진 표정을 보면서 나의 마음도 기뻤습니다. 그는 우리 이제 말 놓고 편하게 친구로 지내자며 아까 내가 했던 제안을 비로소 받아들였습니다. 그리고 나에게 개인적인 질문도 했습니다.

"너 성형외과 잘 하는데 아는 곳 있어?"라며 피부 콤플렉스에 대한 고민도 털어놓았습니다. 그가 짧은 시간 안에 마음의 문을 열고 나와의 모든 고민들을 함께 한데는 코칭의 힘이 작용했음을 나는 압니다. 그리고 그의 고민들을 함께 해결하는 과정에서 예전의 비관하고 절망했던 나의 모습이 마냥 떠올랐고 이러한 국내 입국 초기의 탈북자들의 고민을 오늘의 나 자신이 조금이라도 도울 수 있다는 것에 대해 감사하지 않을 수 없었습니다. 집으로 돌아오는 발걸음이 날개라도 돋친 듯 가벼웠고 마음은 마냥 즐거웠습니다.

그 동안 바쁘다는 핑계로 새봄을 알리는 캠퍼스의 개

나리와 진달래가 활짝 웃고 있음이 이제야 나의 시야에 안겨옵니다. 새봄을 만끽하는 나의 여유로움은 L과의 코칭으로 인하여 나 자신도 셀프코칭이 되었음을 알 수 있었습니다.

그리고 나는 믿어 의심치 않습니다. 한걸음씩 만들어 가는 나의 작은 노력들이 시작은 미약하나 그 끝은 창대 하리라는 것을!!!

❤ 맺음말 🔥

요즘 '통일은 대박'이라는 말이 유행입니다. 늦었지만 정말 다행스러운 일입니다. 그 동안은 통일을 생각하면 통일 이후에 지불해야 할 비용이 너무 많아서 은근히 통일을 외면하는 사람들이 많은 것 같아서 걱정이 되었습니다. 그렇지만 이제는 지금과 같이 경제적으로는 저성장 경제, 사회적으로 초고령화 사회, 정치적으로는 통일의 저력을 충분하게 축적한 단계에서는 통일이 새로운 기회를 제공할 것이라는 데 일말의 주저함도 없이 강한 신념을 가지고 있습니다.

그렇다면 통일이 돼서 남과 북의 그 오랜 기간 동안의 차이를 어떻게 하면 단시일 내에 극복해서 통일의 효과와 혜택을 극대화할 수 있을까요? 그리고 그 역할은 누가 담당할까요?

그 역할은 우리 모두의 몫이지만 가장 중요한 역할을 할 사람들이 바로 북한이탈주민들입니다. 그들이 바로 남과 북을 이어주는 다리역할을 할 사람들입니다. 그 중에서도 특히, 남한사회에 잘 적응해서 자립한 사람들입니다. 이들이야말로 남과 북을 이어주는 다리 역할을 충실하게 할 수 있는 사람들입니다.

북한이탈주민들에 대한 코칭은 바로 이런 사람들을 길러내고 육성하는 일입니다. 나아가 북한이탈주민 출신 코치들이 남한에 있는 다른 북한이탈주민들을 코칭해서 마치 세포분열을 하듯이 저변이 확산될 수 있을 겁니다. 그리고 그렇게 확산된 저력은 머지않아 통일이 되면 북한에 있는 동포들에게 확산시킬 수 있는 더 큰 저력이 될 수 있을 것으로 확신합니다.

가끔씩 북한이탈주민 출신 코치들이 눈부신 활약을 하는 모습을 그려보면 감격해서 눈물이 납니다. 특히 통일 이후에 이들의 활약을 상상해 보면 정말 신이 납니다.

보다 많은 북한이탈주민들이 코칭교육을 받아서 변화하고 성장할 수 있게 되기를 소망합니다. 아울러 보다 많은 북한이탈주민들이 북한이탈주민 출신 코치들로부터 코칭을 받아서 남한에서의 삶이 보다 정신적으로 여유 있고 편안하게 변했으면 하는 바람입니다.

비록 시작한지 이제 5년 차이고 이제 겨우 북한이탈주민출신 전문코치가 나오기 시작하지만 저희의 노력은 머지않아 큰 결실을 얻을 수 있을 것이라고 확신합니다.

아무쪼록 북한이탈주민들을 후원하고 교육하는 것이 통일예행연습을 한다는 생각으로 지속적으로 관심을 가져 주시면 고맙겠습니다.

끝까지 읽어 주셔서 감사합니다.

참고 문헌

김광호, 『성공한 리더들을 사로잡은 명상코칭』, 코바나컨텐츠, 2012

다릴 앙카, 『가슴 뛰는 삶을 살아라』, 나무심는사람, 1999

데이비드 호킨스, 『의식 수준을 넘어서』, 판미동, 2009

데일 카네기, 『데일 카네기 인간관계론』, 씨앗을 뿌리는 사람, 2006

도로시 리즈, 『질문의 7가지 힘』, 더난출판, 2005

로라 휘트워스 외, 『라이프 코칭 가이드』, 아시아코치센타, 2005

미산 외, 『마음, 어떻게 움직이는가』, 운주사, 2009

미하이 칙센트미하이, 『미스터 몰입과의 대화』, 위즈덤하우스, 2011

박석, 『명상 길라잡이』, 도솔, 1997

브라이언 트레이시, 『성취 심리』, 씨앗을 뿌리는 사람, 2003

서재진, 『북한의 사회심리 연구』, 통일연구원, 1999

신미녀, 『고향마을 살구꽃은 피는데』, 보림 S&P, 2009

스리 라마나 마하리쉬, 『있는 그대로』, 한문화, 1998

앤서니 라빈스, 『네 안에 잠든 거인을 깨워라』, 씨앗을 뿌리는 사람, 2002

에크하르트 톨레, 『지금 이 순간을 살아라』, 양문, 2008

이민정, 『이 시대를 사는 따뜻한 부모들의 이야기』, 김영사, 2008

인경스님, 『명상심리치료』, 명상상담연구원, 2012

잭 콘필드, 『마음의 숲을 거닐다』, 한언, 2007

전광, 『평생감사』, 생명의말씀사, 2007

코이케 류스노케, 『생각 버리기 연습』, 21세기 북스, 2010

틱낫한, 『화』, 명진출판, 2002